大学生德育教育与管理模式的建构探析

于大海　著

云南人民出版社

图书在版编目（CIP）数据

大学生德育教育与管理模式的建构探析／于大海著.
昆明：云南人民出版社，2025. 1. -- ISBN 978-7-222
-23592-2

Ⅰ. G641

中国国家版本馆 CIP 数据核字第 2024UL4986 号

组稿统筹：冯　琰
责任编辑：武　坤
责任校对：王曦云
封面设计：李　杰
责任印制：窦雪松

大学生德育教育与管理模式的建构探析

DAXUESHENG DEYU JIAOYU YU GUANLI MOSHI DE JIANGOU TANXI

于大海　著

出　版　云南人民出版社
发　行　云南人民出版社
地　址　昆明市环城西路 609 号
邮　编　650034
网　址　www. ynpph. com. cn
E-mail　ynrms@ sina. com
开　本　787 mm× 1092 mm　1/16
印　张　12. 5
字　数　210 千
版　次　2025 年 1 月第 1 版第 1 次印刷
印　刷　唐山唐文印刷有限公司
书　号　ISBN 978-7-222-23592-2
定　价　78. 00 元

云南人民出版社微信公众号

如需购买图书、反馈意见，请与我社联系

总编室：0871-64109126　发行部：0871-64108507　审校部：0871-64164626　印制部：0871-64191534

PREFACE   前　言

　　大学生德育对当代社会发展的意义是多方面的，体现在培养负责任的公民、塑造社会价值观和文化以及推动经济发展和社会创新等多个层面。德育教育帮助大学生形成正确的道德观和价值观，使他们成为具有社会责任感和公民意识的成员。这些学生将来能够在遵守法律和伦理的基础上，积极参与社会事务，对维护社会秩序和促进公共利益发挥重要作用。大学生作为社会的未来领导者和文化传播者，他们的价值观和行为方式直接影响社会文化的形态和发展方向。通过德育，可以培养学生的全球视野、文化包容性和道德观念，这对于构建和谐社会和推动文化创新具有重要意义。通过教育学生遵守社会伦理和法律，培养诚信、公正、尊重和关爱他人的道德品质，德育有助于减少社会冲突，增强社会凝聚力。道德教育不仅是人文教育的重要组成部分，也是经济发展和社会创新的基石。道德上的考量能够引导大学生在未来的职业生涯中追求合法、道德的商业实践，促进持续、健康的经济发展。总之，大学生德育是当代社会发展的重要基石，对提升公民的整体素质、促进社会主义核心价值观的内化与实践以及推动社会全面进步都有着不可替代的作用。这要求教育者和社会各界人士更加重视和完善大学德育体系，以适应不断变化的社会需求。

　　本书旨在深入探讨和分析现代德育教育的现状与发展，提供一种系统的视角和实践指南，以回应时代对高等教育在道德培养方面的期待和要求。本书共分七章，从大学生价值观与道德发展的心理基础、德育教育中的关键影响因素，到德育教育方法和内容的创新，再到德育管理体制的优化与实践探索，每一章节都围绕着如何建构更为有效的德育教育与管理模式进行深入讨论。我们不仅分析了家庭、学校和社会在德育教育中的作用，还探讨了利用现代科技手段如大数据、互动式教学等创新教育方法来增强德育教育的实效性。

　　通过这本书，读者将能够更好地理解德育教育的复杂性和挑战性，同时获取具体的策略和建议，以支持大学生在多元化和全球化背景下的道德成长。此外，书中对于实际操作的详细探讨，将帮助教育管理者和政策制定者在设计和实施德育教育策略时作出更加明智的决策。

　　总之，随着社会的快速变迁，德育教育面临着前所未有的机遇与挑战，本书提供的深入分析和实践指导，旨在为大学德育教育的未来发展提供参考和启示，使其能够更好地适应新时代的要求，为培养具有全球视野的优秀人才作出贡献。

作　者

2024 年 6 月

CONTENTS 目 录

第一章 绪论

在现代教育体系中，大学生德育教育是培养学生全面发展的关键一环。本书旨在探析和构建更加有效的大学生德育教育与管理模式，以适应社会发展的需求，并促进学生的道德、心理和社会能力的全面提升。我们将从理论与实践的结合出发，分析当前德育教育中存在的问题，探讨如何通过教育创新来解决这些问题，并提出具体可行的管理策略。通过本书的阅读，希望能为高等教育工作者提供一种全新的视角和方法，以培养出更多具有社会责任感、创新精神和实践能力的优秀人才。

第一节 概述

在探讨高校德育教育与管理模式时，首要任务是明确相关的核心概念。通过对关键术语的精确界定，我们可以为深入研究高校德育教育与管理模式提供坚实的理论基础。本章重点分析了大学生德育的基本概念，探讨了其内涵与特性。

一、德育的概念解析

科学且准确地界定德育是每位德育工作者必须面对并回答的根本问题，它也构成了开展和优化德育工作的基础。在我国深化改革进入关键阶段，德育工作与活动日益深入。如果不能恰当地理解和定义德育这一核心概念，学者和专家们可能会各自为政，缺乏共同的语言，这不仅阻碍了德育在国内外的交流，还可能对德育的进一步改革带来不利影响。关于如何界定和理解德育，德育理论界和教育理论界之间存在较大争议。这种争议主要源于人们对德育的价值取向和观念存在差异，以及理解角度的多样性。对一个概念的不同理解、定义和解释，实际上反映了对德育的不同认识视角和价值取向。正因为这些差异，关于德育的定义和理解也必然存在分歧。当前，德育的定义可以从两个角度来看：从德育过程的角度，可以分为生成论德育和转化论德育；从内容的角度，则分为狭义德育和广义德育。

观察德育过程的角度将德育视为一个动态的系统。从德育的本质上看，德育过程与德育本身是不可分割的。从本质上讲，没有德育过程就不存在德育。因此，从德育过程的视角出发，德育可以区分为转化论德育和生成论德育。转化论德育认为德育是德育主体将道德知识从外向内传递给教育对象的过程，这种方式更多地强调了德育的社会价值而忽略了受教育者的个体价值。它只考虑到德育对国家和社会经济发展的作用，忽视了个体在德育过程中的利益和需求。然而，德育对象在德育活动中不应被视为纯粹的客体，德育主体应当充分认识到德育对象的主观能动性、积极性和自主性，并与之平等互动。

相对于转化论的一些局限，德育生成论提供了新的视角。生成论德育视德育为社会发展中人与社会、人与人之间交往的实践活动，它是教育主体根据社会要求引导教育对象接受社会思想和道德规范，并将其内化为个人的价值观和思想品质的过程。檀传宝学者强调，外部因素通过内部机制发挥作用是事物发展的基本方式。德育过程既是外部的影响，也需要德育对象的内部接受。德育本质上是德育对象在外部引导下构建自身道德的过程，这是外部影响与内部发展的统一。

彭未名学者提出的"生成说"德育过程观认为，简单的灌输方法会削弱德育的效果，德育过程中德育主体和对象的自觉性和道德觉悟是至关重要的。① 德育首先是通过人与社会、人与人的交往实践活动实现的；其次，德育还需通过德育对象的自我构建和自我认知的内化，形成个人的价值观和道德品质；最后，教育对象通过与社会和他人的互动进一步发展。德育生成论强调德育对象在德育过程中的主体地位，强调教育的人本性、尊重和发展人的理念，突出了交往在德育活动中的重要性，促进了德育主客体之间平等的师生关系，以及外部教育引导与德育对象自我认知、自我建构的结合，实现了德育的内在价值与外在价值的辩证统一。这种观点在深层次上把握了德育的本质，符合社会发展的要求，为新时代德育的发展指明了方向。

道德教育通常被视为德育的狭义理解，涵盖了德育主体对德育客体在道德认知、情感、意志及行为等方面的教育。在我国的理论界和教育界，很少有人将德育仅限于

---

① 彭未名，刘献君．交往德育论［J］．高等教育研究，2005．

道德教育的狭义范畴。常见的解释是，一些观点将德育等同于道德教育，基于"德"即道德的简称；另一些则将德育的全部内容都视为道德教育的一部分。然而，本书认为，在新时代的背景下，这种狭义的理解无法满足经济、社会发展和人的成长对德育的广泛需求。道德教育虽重要，但不能完全代表德育的全部，因为德育还应包括政治、法律、思想和价值观等多方面的教育。

因此，本书主张应从广义上理解德育，这不仅符合我国的实际国情，也体现了社会和人民对德育的期望与要求。广义的德育不仅包括道德教育，还包含对思想、政治、法治等多方面的教育，旨在全面促进教育对象在这些领域的发展。德育活动应当遵循国家的教育方针，根据教育目标和经济社会的发展需求，采取有效的教育手段，以法制、政治、道德等为维度，促进教育对象的全面成长。

二、高校德育

（一）高校德育的内涵

在理论界和教育界中，关于德育的定义存在广泛的争议，这也导致了大学生德育的称谓并不统一。一些人将其称作大学生德育，而其他人则简称为德育。鉴于大学生德育概念上的不一致，许多学者呼吁对"德育"这一术语进行明确界定。理论界普遍接受了"大德育"的概念，即德育的广义理解。薛天样认为，德育是教育的本质属性，不仅仅包括德育，还包括品德教育。[①] 在新中国成立后的很长一段时间里，大学生德育主要是政治德育，主要服务于政治教育。自党的十一届三中全会以后，随着党和国家对"两个文明"的建设重视增加，高校逐渐加强了道德教育。在经济和社会深刻变化的背景下，大学生面临的心理健康问题日益成为影响其健康成长的主要难题，也因此被包括在德育的范畴内。1995 年的德育大纲将心理健康教育纳入德育的一部分。

本书认为，大学生德育是在马克思列宁主义、毛泽东思想、邓小平理论、"三个代表"重要思想、科学发展观、习近平新时代中国特色社会主义思想的指导下，高校教育者有计划、有步骤地对学生进行爱国奉献、求知敬业、诚实守信、团结友善、勤

---

① 沈光银，尹弘飚. 从"离身"到"具身"：道德教育的应然转向 [J]. 全球教育展望，2022，51（2）：25-38.

俭节约等方面的教育。这一过程的目的是促进大学生的顺利健康成长和全面发展，培养出德智体美劳全面发展的社会主义建设者和未来接班人。

（二）大学生德育的功能

首先，个体性功能方面，儒家思想强调修身是齐家、治国、平天下的根本。大学生德育在个体层面的主要功能是促进学生思想品德的发展和道德素养的提升。正确的道德观念和良好的道德素养并非天生所带，而是需要通过德育的激励、引导和启发来实现。例如，美国"无导向教育"模式忽略了社会公共利益，可能导致自利行为的普遍发生。因此，大学生德育不仅要传授知识，还应提高学生的道德认知、情感和判断能力，进而提升其整体的思想道德水平。此外，德育的个体享用性表明，它能帮助学生体验和品味生活，实现个人价值，这是精神自由和自主选择的体现。然而，目前的德育实践中过于强调社会性功能，而忽视了这种个体性功能，尤其是个体享用性功能的重要性，这是大学生德育效果不佳的一个关键原因。

其次，社会性功能方面，德育的社会性功能涉及对社会经济、政治、文化和生态的多方面影响。德育在维持社会稳定中发挥着关键作用，并包括政治、经济、文化和生态等功能。在大学生德育中，文化性功能尤为突出，因为德育能够营造良好的文化氛围，显著提升学生的道德水平。虽然德育的其他社会功能在短期内可能难以显现，但当学生步入社会后，他们的道德素质和政治觉悟将对社会产生深远影响。大学生作为社会主义接班人，其行为和道德修养将对社会经济和社会生活产生重要影响，强化其道德教育对国家和社会的未来发展至关重要。

第二节　研究方法与理论基础

一、研究的主要方法

（一）理论与实践相结合的研究方法

在高校德育的研究与实践中，理论与实践相结合的方法显示出其独特的重要性，本研究全文都将采用这一方法。高校德育不仅是一个理论研究领域，更是一个需要在实际教育活动中不断检验和完善的实践过程。因此，本书的撰写不仅基于对现有德育理论的深入分析，而且结合了广泛的实践经验来探索德育的现代化路径。

首先，理论研究部分，本书对高校德育的各种理论来源进行了综合考察。这包括从哲学、社会学、教育学等多学科视角理解德育的意义和目的。通过对这些理论的深入剖析，本研究旨在构建一个坚实的理论框架，以支持德育的现代化实践。这些理论不仅提供了对学生道德成长的理解，还阐述了教育如何影响学生的价值观形成和社会责任感的培养。

其次，在实践研究部分，本书通过考察中国高校在德育方面的具体实践，包括成功案例和存在的问题，进行了全面的分析和总结。研究通过实地调查、访谈高校教育工作者以及分析大量德育活动的案例，收集了丰富的一手资料。这部分的目的是找出哪些理论在实践中有效，哪些需要调整或改进，以及如何在不同的教育环境中应用这些理论以优化德育效果。

综合理论与实践的研究，本书进一步探讨了如何将理论成果转化为可行的教育策略，以促进高校德育的现代化。这包括提出创新的德育方法，例如整合信息技术与德育内容的交互，以及开发新的评估工具来衡量德育活动的效果。此外，本书也探讨了如何通过校园文化的塑造、课程内容的更新和教育政策的制定，来实现德育理论与实践的更好融合。

通过这种理论与实践相结合的研究方法，本书旨在为中国高校德育现代化提供科学的指导和实践的参考，希望能够为培养具有高道德标准和社会责任感的学生群体作出贡献。

（二）系统分析研究方法

在探索高校德育的复杂性和多维度特性时，系统分析方法显得尤为重要。高校德育不仅仅是教育行为的简单集合，而是一个由多种因素和过程相互作用、相互依存构成的复杂系统。这些要素包括教育政策、师资力量、教育内容、学生需求、社会环境等，每一个都对德育成效产生影响。

通过系统分析方法，本研究首先对高校德育系统中的关键组成要素进行了识别和分类。我们从宏观到微观层面详细定义了这些要素，包括教育机构的治理结构、教师的教育理念和实施方式、学生的行为模式和反馈机制以及外部社会文化环境的影响。

接着，本研究通过数据收集和实地观察，分析了这些要素之间的相互作用。例如，如何通过改进教师培训方式和教学方法来提高德育的吸引力和效果，或者如何调整教育政策以更好地满足学生的多样化需求。此外，研究还考察了社会变迁如何影响学生价值观的形成，以及这些变化如何回馈到德育策略的调整上。

此外，通过系统动力学模型，本研究模拟了不同德育策略实施后的可能结果，预测了各种教育活动对学生道德认知和行为模式的长期影响。这种模拟帮助我们理解在不同条件下，各种因素如何通过复杂的网络相互作用，从而更好地设计和调整德育策略。

最终，系统分析方法使我们能够综合考虑各种内外部因素，制定更为全面和协调的德育策略。这不仅提高了政策的适应性和有效性，也为如何构建一个支持性的教育环境提供了科学依据，从而更好地促进学生全面发展。通过这种方法，高校德育能够实现从片面的道德灌输向全面的人格培养转变，更有效地回应当代高等教育面临的挑战和机遇。

（三）哲学方法

在研究高校德育现代化的过程中，本书深入运用了唯物论和辩证法这两种哲学方法，为德育的理论和实践提供了坚实的哲学基础。通过这些哲学工具，我们不仅可以深刻理解德育的本质和目的，还能有效地指导实际操作和策略的制定。

唯物论在德育研究中的应用，使我们能够从一个实际和客观的角度出发，分析和处理德育中遇到的问题。它强调，人的社会存在决定人的意识，因此，在设计和实施德育策略时，必须考虑到学生的具体生活环境、经济背景、文化差异等因素。唯物论还指导我们关注学生行为的物质基础，如何通过改变教育环境和条件来影响和提升学生的道德行为。

辩证法的应用，则帮助我们把握事物的变化和发展，认识到德育中各要素之间的内在联系和相互作用。辩证法教导我们，德育不是静态的单向教学过程，而是一个动态的、多方互动的系统。通过辩证法，我们能够看到德育活动中正反两方面的作用，如何通过合理调整来化解矛盾，促进德育活动的积极结果。此外，辩证法还强调了教学变革的必要性，鼓励我们在德育实践中不断尝试新的方法，以适应社会的发展和变化。

这种哲学方法的综合运用，让我们能够从更深层次、更广角度审视高校德育现代化的过程和策略。它不仅增强了理论的深度和广度，也为德育实践中遇到的具体问题提供了更科学、更系统的解决方案。在实际应用中，这种方法指导我们更好地理解和应对学生的多样化需求，以及如何通过教育实践促进学生全面发展的目标。

（四）文献法

文献法作为一种基础而重要的研究方法，在本研究中发挥了核心作用。通过广泛搜集、系统整理和深入分析与高校德育现代化相关的文献，这一方法使我们能够构建对问题的全面和科学的认识。

首先，利用文献法，我们详细回顾了德育在不同历史时期的演变和发展。这包括从传统的道德教育到现代德育理念的转变，以及这些变化背后的社会、政治和文化因素。这种历史视角的建立，不仅帮助我们理解德育现代化的必要性，也为我们提供了从过去成功或失败的经验中学习的机会。

接着，通过对国内外相关研究的广泛阅读，本研究分析了当前德育实践中存在的主要问题和挑战。文献法使我们能够跨越时间和空间的限制，吸收和借鉴国际上在德育领域的先进理论和实践经验，这对于推动本国高校德育现代化具有重要意义。

此外，通过文献的比较分析，本研究揭示了不同德育模式之间的共同点和差异，从而识别出影响德育效果的关键因素。这一过程中，我们特别关注了那些能够有效提升学生道德认知和行为表现的策略和方法。

最后，文献法还帮助本研究系统地梳理了德育理论和实践的发展趋势，为提出创新的德育策略和方法提供了理论支撑。这包括了解新兴技术如何与德育活动相结合，以及未来德育可能的发展方向。

综上所述，文献法不仅为本研究提供了丰富的理论资源和背景知识，而且增强了研究的深度和广度，使我们能够在科学和客观的基础上提出针对高校德育现代化的有效策略。

二、德育教育的理论基础

(一) 马克思主义人学理论

1. 人是社会性和实践性的存在

高校德育现代化的核心内容之一是人本主义思想，旨在通过道德教育将大学生培养成中华文明的传承者、民族复兴的推动者以及未来文明的创新者。这一教育目标深植于马克思主义人学思想的丰富土壤中，借此为德育现代化提供科学的理论支撑和实践指导。从马克思的早期探索到后期理论成熟阶段，他的作品逐步构建了一个涵盖人的本质理论和全面发展理论的完整人学理论体系，对德育现代化的实施具有指导意义。

马克思的人的本质理论深刻指出，人不是一个孤立的抽象存在，而是一个在社会关系网中形成和不断发展的社会实体。他明确提出，人的本质是"社会关系的总和"，这一本质不是静态的，而且是随着社会关系和生产力的演进而持续变化的。这一观点为我们理解个体如何在社会中找到自我定位提供了理论基础，也为如何通过德育促进学生的个性和社会性发展提供了科学依据。进一步地，马克思关于人的全面发展的理论强调，教育的目标应当是促进每个人的多方面发展。在德育现代化的过程中，这意味着教育不仅仅是知识的传授，更是能力、情感与价值观的培养。教育应当关注学生作为社会人的形成，包括他们的独立思考能力、批判精神、创新能力和对社会贡献的意愿。此外，这种以人的本质为出发点的教育观念，要求我们在实施德育策略时，不断调整和改进教育方法以适应社会发展的需求。在具体实践中，这可能意味着更多地利用跨学科的教育方式，更多地关注学生的实践活动与社会参与，以及更多地通过对话与交流促进价值观的形成和精神境界的提升。

马克思对人的本质的研究为理解人的现代化发展提供了深刻的理论支撑。他将"社会性"作为现代化发展的逻辑起点，强调认识到"现实的人"是必要的。马克思视人为社会、世界和自然界中的主体，人不仅生活和存在于这些领域中，而且是社会自我认知和感知的主体。这种理解表明，人的现代化发展必须将人置于社会关系中，并将这些关系视为生活的一部分，从而使发展具有现实意义。此外，马克思认为人与社会是不可分割的统一体，指出"人就是人的世界，就是国家，社会"。这一观点强调，社会的现代化首先体现在人的现代化上，而人的现代化则是社会现代化的核心。因此，社会的物质和精神文明的发展是推动高校德育现代化的关键，通过促进大学生的现代化发展，社会的物质和精神层面将得到提升。马克思还将"实践性"定义为人的现代化发展的途径和方法。他基于人的"社会性"，进一步揭示了人的本质的"实践性"，强调社会和劳动对人的塑造作用。这表明，仅将人放入社会环境中是不足够的，人必须在社会中积极实践，以实现自身的发展。

最后，马克思指出人的本质是不断发展和变化的，要求我们从历史的维度以发展的思维来看待人的现代化问题。因此，与人的本质发展相关的所有目标、内容、方法及其生存的环境都需要与时俱进。这些观点不仅阐释了人的现代化为何是一个持续的议题，也为高校德育的现代化指明了方向。

2. 人的发展理论为高校德育现代化指明了终极目标

马克思人学理论贯穿其哲学思想的始终，以"人的自由全面发展"作为终极目标，强调以现实的人为出发点，追求人的发展理论的现代化。马克思提出的人的发展理论涵盖了"人的全面发展"和"人的自由发展"两个关键方面。

首先，关于"人的全面发展"，马克思强调要实现人的能力的全面发展。他认为人类的本质在于劳动，劳动是人通过改造自然、历史和自我来实现自身物质状态和思维意识发展的方式。通过劳动，人不仅满足自己的需求，还促进了自身能力的全面提升。社会关系是个人全面发展的另一个重要方面，马克思认为，社会关系是决定个人发展潜力的关键。在他看来，和谐的社会关系是人全面发展的核心，它包括人与人、人与社会、人与自然之间的和谐。

其次，关于"人的自由发展"，马克思在《资本论》中提出，共产主义社会将基于每个人的自由全面发展。这种发展强调个体主体性的发挥，包括自主性、创造性和独立性。马克思进一步指出，在未来的共产主义社会中，每个人的自由发展是所有人自由发展的条件。这种观点强调生产力的发展、社会关系的进步、自由时间的增加以及精神文明的实现都是人自由发展的重要支撑。

马克思主义理论将人的发展看作是解放和共产主义远大理想的核心。在这一框架下，高校德育的现代化也应追求"人的自由而全面发展"。这要求我们在德育实践中深入理解和准确掌握人的全面发展和自由发展的内涵及其逻辑关系。人的全面发展不仅是普遍性的发展，而且是建立在现代社会发展新形势的基础上的，应面向市场经济高度发展、社会全球化和网络化的趋势，创造条件让大学生的德行和能力得到充分发展。而人的自由发展则更强调个体化的发展，挖掘潜能，激发创新，实现从自在自为到自觉自由的转变。

总的来说，马克思的人的发展理论为现代社会中的人的全面和自由发展提供了理论基础和实践指南。人的全面发展和自由发展虽有区别，但相互依存，共同构成人的发展的完整内涵。这一理解不仅对于理论研究，对于高校德育的现代化实践也具有重要的指导意义，是推动现代社会人的发展的理论支柱和实践目标。

二、马克思主义中国化理论对高校德育现代化的理论支持

（一）毛泽东德、智、体全面发展思想

毛泽东的德、智、体全面发展思想是他对教育方针的核心贡献，强调了学校德育在青年成长中的重要性。1957 年，毛泽东在《关于正确处理人民内部矛盾的问题》中首次明确提出教育方针，主张教育应使受教育者在德育、智育、体育三方面都得到发展，培养出具有社会主义觉悟的有文化的劳动者。① 这一理念不仅继承了马克思关于人的自由全面发展的理论精髓，而且结合了当时中国的社会实际，对中国的学校教育进行了具体的指导和提升。

毛泽东强调德育应放在育人工作的首位，认为作为社会主义事业的接班人，学生需要在学校教育中实现德、智、体三者的协调发展。他将德育放置于非常重要的位置，认为道德修养对学生成长为合格的社会主义接班人至关重要。这一点在中国社会主义建设的初期尤为突出，因为当时中国正面临西方资本主义国家的经济封锁和政治压力，故需要强化意识形态和精神领域的建设，以防"和平演变"。

毛泽东同志的德育思想特别强调了理想信念和正确的政治观点的重要性。他认为，这是德育工作的首要问题，学校的所有工作应服务于转变学生的思想，其中政治教育是核心。在他看来，没有正确的政治观点，就等于没有灵魂。这种观点要求德育工作不仅要关注道德教育和文化教育，更要注重政治教育，确保德育工作始终坚持正确的政治方向。

---

① 翟博. 新时代党的教育方针理论创新与重要经验 ［J］. 人民教育，2022（11）：6-12.

在具体实现德、智、体全面发展的方法上，毛泽东提出应将教育与生产劳动及社会实践相结合，特别是在儿童教育阶段培养共产主义情操和集体主义精神。他强调实践的重要性，并指出教育应该使学生在参与生产劳动和社会实践的过程中，充分发展自己的德、智、体各方面的能力。这一教育方法不仅符合马克思主义认识论的规律，也是对马克思关于人的全面发展理论的继承和发展。

毛泽东的德、智、体全面发展理论在后续的中国社会主义建设中被进一步继承和发展，提出了更为全面的教育理论，如德、智、体、美、劳五育全面发展，以及后来的"四有新人"理论。这些理论在不同的历史时期根据社会主义现代化建设的需要而提出，体现了毛泽东教育理论的持续影响和战略意义。毛泽东的教育理论强调德育的重要性和实践的核心地位，为中国高校德育现代化的发展提供了重要的理论和方法指导。

（二）邓小平"三个面向"方针与培养"四有新人"思想

邓小平的"三个面向"教育方针是他教育理论体系中的核心部分，对中国高校德育现代化提供了战略性支持。这一方针不仅是对马克思、毛泽东德育理论的继承和发展，也是根据改革开放后中国的社会发展实际提出的，具有深远的指导意义。

1983年国庆节，邓小平在庆祝北京景山学校成立20周年时提出"教育要面向现代化、面向世界、面向未来"的理论。[①] 这一教育战略理论成为改革开放后中国教育改革和发展的指导性方针，特别是在指导高校德育现代化方面发挥了重要作用。

教育面向现代化是"三个面向"战略的基础和核心，涵盖教育自身实现现代化以及教育为社会主义现代化服务两大方面。教育面向现代化要求教育应与时俱进，适应社会主义现代化建设的需要。具体而言，教育应与生产劳动相结合，关注如何更好地将教育与实际生产、社会实践相融合，以培养能够为社会主义现代化建设服务的高素质劳动者。这一点与毛泽东提出的教育观点一脉相承。从教育内容的现代化来看，邓小平强调教育系统自身的现代化是实现教育面向现代化的前提。这包括教育思想、教育制度、课程设置、教学方法等方面的创新和改革。教育现代化不仅仅是技术和方法的现代化，更是培养目标现代化的体现，即培养适应国家经济社会发展需要的人才。

---

① 石中英. "三个面向" 与中国教育改革 [J]. 中国教育学刊, 2013 (10)：5.

德育作为教育的核心内容，其现代化与教育面向现代化的目标密切相关。德育的现代化是培养适应社会主义现代化建设需要的人才中的关键因素。德育不仅要培养学生的道德素质，还要通过与生产劳动和社会实践的结合，培养学生的实践精神和创新能力。这种结合有助于学生形成坚定的社会主义理想信念，增强吃苦耐劳和协作精神等道德品质。

邓小平的"三个面向"教育方针是其教育理论体系中的核心内容，对中国高校德育现代化具有深远的战略意义。该方针不仅是对前人教育思想的继承和发展，而且顺应了改革开放的需求，为中国教育改革和未来发展提供了重要指导。

"教育要面向世界"是三个面向中的重要一环，具有双重内涵。首先，它要求中国的教育系统学习和借鉴国际上先进的科学技术及教育理念，以实现教育的国际化和现代化，确保中国教育在全球教育领域中占据一席之地。这包括有计划地派遣留学生到国外学习先进的教育经验，同时引进国外优秀的教育资源和智力，促进中国教育体系的全面提升。其次，面向世界也意味着培养能够在国际舞台上竞争并取得优势的人才，这些人才将具备参与全球竞争所需的高素质和能力。

邓小平强调，中国教育的现代化必须吸收世界各国的先进科学知识和文明成果，积极参与国际教育交流与合作。他提倡教育"走出去与引进来"的策略，旨在通过国际交流深化教育改革，提升教育质量。通过这种方式，中国不仅能够提升自身的教育水平，还能在国际上展示其教育成就。

在德育方面，邓小平的方针特别强调了理想信念和正确的政治方向的重要性。他警告不应引进资本主义社会中丑恶和颓废的文化元素，强调德育现代化必须坚持社会主义方向。这一点表明，面向世界的教育不仅是技术和知识的交流，更是价值观和理念的传播。

"教育要面向未来"的理念则为教育改革和发展指明了方向。邓小平提出教育改革要符合人类社会未来发展的趋势，教育本身的变革应以实现人的自由而全面发展为目标。这要求教育内容和方法应与科技发展趋势相适应，同时培养的人才也应符合未来社会发展的需求。邓小平多次强调教育的未来导向性，提倡从小培养孩子们的计算机技能、法治意识和共产主义品德等，显示了他对教育长远发展的深刻考量。

总之，邓小平的"三个面向"教育方针是一种全面的战略布局，不仅关注教育体系的现代化和国际化，也着眼于教育的未来发展和社会需求。这一方针为中国高校德育现代化提供了指导，强调了德育在培养全面发展的社会主义建设者中的核心作用，确保中国教育既面向世界也面向未来，为实现人的自由而全面的发展服务。

（三）江泽民"四个统一"思想

在 1998 年 5 月 4 日庆祝北京大学建校 100 周年的演讲中，江泽民提出了"四个统一"的教育思想，这些思想包括：①坚持学习科学文化与加强思想修养的统一；②坚持学习书本知识与投身社会实践的统一；③坚持实现自身价值与服务祖国人民的统一；④坚持树立远大理想与进行艰苦奋斗的统一。[①] 这一教育理念是对邓小平"三个面向"和"四有新人"思想的继承与发展，旨在为新时期高校德育现代化提供基本原则和实现途径。

江泽民的"四个统一"强调了德育在教育体系中的中心地位，并明确提出了将德育与智育、社会实践和价值观教育相结合的方向。具体来说，第一点"学习科学文化与加强思想修养的统一"强调学生在掌握科学文化的同时，也需要系统地进行思想道德教育，确保学生不仅学有所成，更要德有所养，培养出符合社会主义建设需求的合格建设者。

其次，江泽民提倡的"学习书本知识与投身社会实践的统一"则着重于理论与实践的结合。他鼓励学生们将课堂上所学的理论知识通过社会实践来验证和丰富，这不仅有助于加深学生对知识的理解，也是促进学生全面发展的重要方式，特别是在培养学生的社会责任感和实际操作能力方面。

关于"实现自身价值与服务祖国人民的统一"以及"树立远大理想与进行艰苦奋斗的统一"，江泽民强调了个人发展目标与国家需求之间的紧密联系。他鼓励学生们在追求个人职业发展的同时，也应致力于服务于社会和国家的需要，培养与提升高尚的道德品质和坚定的社会主义理想信念。

综上所述，江泽民的"四个统一"教育思想不仅仅关注知识的传递，更加重视德育的重要性，强调了教育的综合性和实践性。这一教育理念明确指出，高等教育的目标不仅是培养学生的智力，更重要的是培养他们的道德观、价值观和实际操作能力。这一教育框架为中国高校德育现代化的推进提供了清晰的方向和策略，确保教育不仅

---

① 曹迎红. 坚持"四个统一"，做"四有"新人——学习江泽民同志在庆祝北京大学建校一百周年大会上的讲话 [J]. 高校理论战线，1998（11）：38-39.

面向现代化，也面向未来，全面提升学生的综合素质，为社会主义现代化建设培养出更多优秀的人才。

（四）胡锦涛"三点希望"教育思想

在 1998 年 5 月 4 日庆祝清华大学建校 100 周年大会上，胡锦涛提出了"三点希望"的教育思想，这是对邓小平"三个面向"教育思想的继承和发展。胡锦涛的"三点希望"包括：①把文化知识学习和思想品德修养紧密结合起来；②把创新思维和社会实践紧密结合起来；③把全面发展和个性发展紧密结合起来。① 这些思想不仅回应了中国特色社会主义建设新阶段的需求，也为高校德育现代化提供了指导原则和实现途径。

第一点希望，即把文化知识学习和思想品德修养紧密结合起来，是对江泽民"四个统一"中的首要统一的重申。这表明高校德育的重要性被放在首位，旨在确保学生在掌握科学文化的同时，通过德育教育坚定社会主义理想，成为社会主义建设的合格参与者。

第二点希望，即把创新思维和社会实践紧密结合起来，突出了创新在中国社会主义建设中的重要性。这一点要求高校教育不仅要促进理论学习和创新思维的发展，还要强化这些理论在实际社会实践中的应用，从而提升教育的实用性和社会效益，同时也强调了德育在培养创新能力中的作用。

第三点希望，即把全面发展和个性发展紧密结合起来，提出了在尊重个性差异的基础上推动学生的全面发展。这反映了素质教育的深化，强调在培养学生全面能力的同时，也要充分考虑和利用他们的个性特长和兴趣，这不仅是教育理念上的进步，也是实现个性化教育的具体体现。

（五）习近平关于高校德育工作的新思想新论断

1. 高校立身之本在于立德树人

习近平在多个重要讲话中明确指出，高校必须将立德树人视为其根本任务，这是党和国家对高等教育在人才培养方面的总要求，从而强调了高校德育工作的核心地

---

① 王怀东. 以胡主席"三点希望"助推青年干部成才［J］. 政工学刊，2011.

位，并为德育改革与发展提供了明确方向。

（1）回归育人本质：习近平强调高校需要回归并坚守育人的基本职责，认为人才培养是高校最核心的任务，也是高校能够履行服务社会、科研和文化传承等其他使命的基础。

（2）德育的全过程融入：高校应将德育工作融入教育教学的各个方面，包括教学、管理和后勤服务中，实现德育的有机结合和隐性渗透，目标是实现全员育人、全方位育人和全过程育人。

（3）重视德行与人格发展：习近平特别强调，高校应将促进学生的德行发展和人格现代化设为人才培养的重要目标，倡导"国无德不兴，人无德不立"的道德观，指出德育应先行，通过培养学生的德行和人格来推动其全面发展。

这些原则不仅强调了德育在当前高等教育中的中心地位，还明确了德育的实施应贯穿学生教育的每一个环节，以形成一种全方位、全过程的教育模式。习近平的这些指导思想为高校德育现代化提供了重要的理论支持和实践方向，旨在培养符合社会主义现代化建设需要的高素质人才。

2. 扎实办好中国特色社会主义高校

在 2016 年全国高校思想政治工作会议上，习近平提出了一系列指导原则和目标，明确要求高校把立德树人作为教育的根本任务，这些内容对高校德育现代化具有重要的现实指导意义。[①] 习近平的讲话强调了中国特色社会主义高校的独特性，即要根据我国的历史、文化和国情，走符合国家实际的高等教育发展道路。

习近平在讲话中提到的重点包括：

（1）弘扬中华优秀传统文化：习近平强调高校德育需要传承和弘扬中华优秀传统文化，认为这是中华民族生生不息、发展壮大的重要基础。他在不同场合深刻论述了传统文化的当代价值，并指出一个国家的强盛需以文化兴盛为支撑，特别强调儒家思想和其他传统思想文化在现代的重要性和作用。

（2）培育和践行社会主义核心价值观：习近平明确指出社会主义核心价值观应成为高校教育教学的主线，是社会主义现代化建设的价值规范和共识。他强调，没有共同的核心价值观，国家和民族将无法前进，因此，高校必须在教学、课外活动和校园

---

① 高明，计龙龙. 我国高校落实立德树人根本任务应正确坚持四个结合 [J]. 文化学刊, 2017 (4)：3.

文化中积极培养和实践这些价值观。

（3）明确高校德育的重要任务：习近平指出，高校德育工作要紧密联系国家的发展目标和方向，既要为人民服务，也要为党的治国理政服务。高校德育的现代化应该支持社会主义制度的巩固与发展，并为改革开放及社会主义现代化建设服务。这一点强调了高校教育不仅是培养知识和技能，更是塑造学生道德观和价值观的关键场所。

综上所述，习近平的讲话为高校德育现代化提供了全面的理论指导和实践路径，强调了德育的核心地位，并要求高校在培养学生的同时，深入实施德育教育，以促进学生的全面和谐发展，确保他们能够为社会主义现代化建设作出贡献。

3. 因事而化、因时而进、因势而新

习近平在全国高校思想政治工作会议上提出的"因事而化、因时而进、因势而新"为高校德育工作提供了重要的指导方针，特别是在德育工作的实施上要求高校应对不断变化的教育需求和社会环境做出相应的创新和调整。这一总要求强调以下三个具体方面：

（1）紧贴学生思想动态，适时为学生解惑，引导他们健康成长：在日新月异的信息时代，大学生面临多样的思想观念和社会现象。教育者需要深入理解学生面临的困惑和挑战，通过有效的沟通和指导，帮助他们构建正确的世界观、人生观和价值观。这要求教育工作者不仅要关注学生的学术成长，更要关心他们的精神和心理健康，通过开展形式多样的德育活动，如研讨会、心理辅导及主题教育等，帮助学生解决成长过程中遇到的问题，引导他们健康地成长。

（2）紧跟时代步伐，使德育内容和方法与社会主义现代化建设同步：随着中国特色社会主义进入新时代，高校德育工作需要与国家的发展战略紧密结合，更新教育内容和教学方法，确保教育内容的前瞻性和实用性。例如，加强国情教育、法治教育、创新创业教育等，使之与经济社会发展的需求相匹配。教育者应利用现代教育技术和媒体资源，创新德育手段和形式，增强教育的吸引力和有效性。

（3）主动适应全球及国内的新挑战和机遇，推动德育工作的创新和发展：在全球化和国内改革深化的背景下，高校德育工作面临新的机遇与挑战。教育者需主动探索适应国际交流与合作新常态的德育策略，如加强国际视野的培养、促进文化交流等，同时也要关注和应对如网络空间道德问题、环境伦理问题等新兴挑战。通过这些措施，不断提高德育工作的实际效果和社会影响力，为学生的全面发展提供坚实的道德和思

想基础。

这些措施体现了高校德育工作必须与时俱进，创新思路与方法，以适应快速变化的社会环境，为培养合格的社会主义建设者和接班人提供坚实保障。

4. 传道者自己首先要明道、信道

习近平在强调教育工作者的角色和素质时，特别提出了"传道者自己首先要明道、信道"的要求，这一提法凸显了教师在德育工作中的关键地位和责任。教育者不仅是知识的传递者，更是价值观念的引导者和道德标准的示范者。因此，习近平对教育者提出以下具体要求：

（1）明道：教育者需深刻理解教育工作的本质和重要性，认清自己的历史使命。这要求教师不仅要在专业知识上精通，更要在教育理念上有深入的理解和认识。明道也意味着教育者需要不断自我提升，通过不断学习和实践，提高自身的教育能力和道德水平，确保能以身作则，为学生树立正面的榜样。教师的言行将直接影响学生的道德观念和行为习惯，因此，教师需要树立正确的价值观，并在日常教育活动中实践这些价值观，让学生在潜移默化中吸收和学习。

（2）信道：教育者应坚定对共产主义和中国特色社会主义的信仰，这是习近平对高校教师政治立场的明确要求。教育者需要保持与党中央的高度一致，自觉践行和宣传社会主义核心价值观。信道还包括在德育中发挥积极作用，引导学生确立正确的世界观、人生观和价值观。通过课堂教学、社会实践和校园文化建设等多种方式，教育者应努力培养学生的国家意识、社会责任感和历史使命感，激励他们为实现中华民族伟大复兴而努力学习和奋斗。

通过这样的教育理念和实践，习近平期望教育者能在高校德育现代化中发挥核心和引领作用，推动学生全面发展，培养出更多符合社会主义现代化建设需要的高素质人才。这不仅是对高校教育者的期望，也是对整个教育系统的要求，要求每位教育者都能在教育实践中不断提高自身素质，有效实施德育教育，为培养新时代的优秀青年承担起责任。

这些方针不仅提供了德育工作的理论基础和实践指南，还强调了德育工作的全员参与、全方位覆盖和全过程融入，要求高校德育不仅仅局限于课堂内，而应深入到学生的日常生活中，全面提升学生的思想道德水平。这些指导原则和措施，为高校德育现代化提供了清晰的方向和具体的实施途径，确保教育质量与时代要求同步提升。

第三节 当代德育教育的挑战与机遇

全球化和信息化的快速发展为德育教育带来了新的挑战和机遇。在这种背景下，学生们面临着前所未有的文化冲突和价值观多样性。德育教育在帮助学生应对这些挑战、理解并尊重不同文化和价值观方面发挥着关键作用。此外，它还促进了全球视野的形成，使学生能够在全球化的世界中更好地适应和成功。

在现代社会多变的社会经济条件下，德育教育帮助青少年建立正确的世界观、人生观和价值观尤为重要。面对经济的快速变动和技术的不断进步，青少年可能会感到困惑和不确定。通过德育教育，他们不仅能够获得应对这些变化的道德指导，而且能够学习如何在社会中负责任地行动，为社会的持续发展作出贡献。

总之，德育教育在培养明日领导者、创新者和思想家方面发挥着至关重要的作用。在培养知识技能的同时，我们必须同等重视德育教育，确保每一代人都能够以知识、智慧和道德去面对未来的挑战。

一、德育教育面临的主要挑战

德育教育在现代社会中承担着塑造负责任公民的重要任务，但这一过程不免面临多种挑战。这些挑战来源于价值观的多样性、技术革新、经济全球化以及政治与法律因素的变动，每一个因素都对德育教育的实施和效果产生深远影响。

（一）价值多样性

在全球化的浪潮中，我们见证了文化的交融与碰撞，这为德育教育带来了前所未有的挑战和机遇。全球化不仅加速了信息和人员的交流，也引发了多样化价值观之间的冲突和融合。德育教育在这一背景下，面临着如何培养学生在多元文化环境中的交流与合作能力的重要任务。

1. 全球化与文化多元化带来的价值观冲突

随着全球化的深入发展，来自不同文化背景的人们在经济、社会和教育等领域的交流与合作变得越来越密切。这种跨文化的互动虽然促进了经济和社会的发展，但也带来了价值观的冲突。例如，西方的个人主义与东方的集体主义在多种场合下可能产生摩擦和误解。德育教育在这种环境下的任务是帮助学生理解和尊重不同的文化价值观，同时培养他们在多元文化背景下进行有效沟通和决策的能力。

2. 传统与现代价值观的碰撞

在科技迅猛发展和社会快速变革的今天，传统价值观与现代价值观之间的冲突日益显现。例如，尊老爱幼、家族至上等传统价值观在现代社会中可能与个人自由和自我实现的追求产生冲突。德育教育的责任在于帮助学生在尊重和理解传统文化的基础上，接纳符合现代社会需求的新价值观。教育者应通过课程和实践活动，引导学生思考如何在保留文化精髓的同时，适应社会的发展需求。

德育教育应该成为学生认识世界、认知自我并有效地在多元文化中定位自己的重要平台。教育者需要不断更新教育理念和方法，确保德育教育能够全面而有效地应对全球化带来的挑战。

（二）技术革新

技术的快速发展，特别是在数字媒体和互联网领域，已经深刻改变了我们的生活方式和信息消费习惯。这些变化为德育教育带来了新的挑战，尤其是在影响青少年的价值观和行为模式方面。

1. 数字媒体与互联网对青少年价值观的影响

当前，互联网已成为青少年获取信息和知识的主要渠道。然而，网络空间的开放性和匿名性也使其成为各种有害信息的滋生地。从色情到暴力内容，从网络欺凌到极端思想，种种不良信息都可能对青少年的价值观和道德观念造成负面影响。因此，德育教育必须发展新的策略和工具，帮助学生发展批判性思维，学会识别和抵御这些有害信息。教育者可以利用情景模拟、角色扮演等教学方法，让学生在安全的环境中学习如何处理网络中的复杂情况。

2. 虚拟现实与社交媒体的挑战

社交媒体和虚拟现实技术已经改变了人们的交流方式和社交习惯。青少年越来越多地通过社交网络建立和维持人际关系，这虽然提高了交流的便利性，但也可能削弱了他们在现实世界中的社交技能。此外，社交媒体上的即时反馈机制，如点赞和评论，可能会影响青少年的自我认知和情感发展。德育教育需要重视这些变化，通过校园活动和课程设计加强学生的现实世界交往能力，培养他们的情感智力和社会责任感。教育者应该鼓励学生参与面对面的社交活动，同时在课程中加入关于数字素养和网络安全的教育，以帮助学生健康地成长。

随着技术的不断进步，德育教育的内容和方法都需要不断创新和适应，以有效应对数字时代的挑战。教育者必须积极寻求与技术专家的合作，共同开发适合青少年发展需要的教育资源和工具。

（三）经济全球化

经济全球化带来了深远的影响，尤其是在教育领域，它不仅改变了教育的内容和方法，还在价值观的层面对德育教育提出了新的挑战。

1. 市场经济对教育内容与方法的影响

随着市场经济的深入发展，教育体系越来越多地被要求注重实用性和效率，以适应快速变化的劳动市场需求。这种趋势促使学校教育着重于技能和职业知识的传授，往往以牺牲学生的道德和人文素养为代价。例如，为了提高学生的就业竞争力，学校可能增加更多与职业技能直接相关的课程，而减少哲学、文学和历史等人文社科课程的比重。这种偏向可能导致学生在道德判断和人文关怀方面的能力不足。因此，德育教育需要重新强调人文精神的重要性，开发综合课程，促使学生在追求职业技能的同时，也能够获得全面的道德和文化教育。

2. 资本主义价值观对社会主义教育理念的挑战

在全球化和信息化的大背景下，资本主义的价值观念，如个人主义、消费主义和利己主义，通过电影、电视节目、互联网和社交媒体等多种渠道，对中国青少年产生了广泛的影响。这些价值观念与社会主义核心价值观在某些方面存在本质的冲突，挑战着社会主义教育理念的主导地位。为了应对这一挑战，高校德育必须加强社会主义核心价值观的教育，通过课程内容的改革和创新教育方法，加深学生对社会主义核心价值观的理解和认同。这包括举办主题教育、增设相关课程以及利用新媒体工具，强化这些价值观在学生心中的地位，使其能够在全球化的环境中坚持和践行社会主义理念。

通过这些措施，德育教育可以更好地适应经济全球化的挑战，同时也能把握住与之相关的教育机遇，确保青少年能在快速变化的世界中保持正确的价值方向。

（四）政治与法律因素

政治与法律环境在德育教育中扮演着至关重要的角色。它们不仅为德育教育提供了法律与政策支持，同时也带来一定的挑战。

1. 教育政策的变动与不确定性

随着政治环境的变化，教育政策可能会经历频繁的调整。例如，新的政府可能会推行不同的教育理念，这会直接影响学校的教育方向和内容。对于德育教育而言，政策的不确定性可能导致教育目标和实施策略的频繁变化，从而影响德育教育的连贯性和稳定性。学校需要具备灵活应对政策变动的能力，确保教育目标在不断变化的政策环境中仍能保持一致性和连续性。

2. 法律环境对德育实施的制约

法律对教育的各个方面都有明确的规定，包括德育的内容、方法及其界限。例如，一些法律规定可能限制学校在德育教育中使用特定的教学方法或内容，以保护学生的权利和自由。学校在设计和实施德育课程时，必须确保所有教育活动都符合法律规定，这要求教育者不仅要熟悉德育教育的理念和方法，还要深入了解相关法律法规。在确保遵守法律的同时，学校还需要创新教育策略，以充分发挥德育的作用，促进学生的全面发展。

这些挑战要求高校德育工作不仅要关注内部教育活动的质量，也要密切关注外部政治和法律环境的变化。通过建立稳健的德育策略和灵活的应对措施，学校可以有效地利用政治与法律因素为德育教育提供支持，同时克服由此带来的挑战。

二、德育教育面临的机遇

在当代快速变化的教育环境中，尽管德育教育面临诸多挑战，但同时也迎来了许多发展机遇。科技进步、国际合作、政策支持以及社会责任感的增强都为德育教育提供了新的推动力和扩展视野的可能。

（一）科技进步

科技的快速发展为德育教育带来了前所未有的机遇。特别是教育技术的创新，已经开始深刻改变传统的教育模式，为德育教育注入新的活力。

1. 教育技术的创新利用

现代科技，尤其是教育技术的飞速发展，为德育教育开辟了新的路径。利用虚拟现实（VR）、增强现实（AR）、游戏化学习等技术手段，德育教育能够以更具吸引力和互动性的方式进行。例如，虚拟现实技术可以创建模拟社会环境，让学生在仿真的社交场景中学习和练习道德决策，从而在安全的环境中理解和掌握复杂的道德和伦理问题。游戏化学习则通过设置目标、回馈和奖励机制，增加学生的学习动力，使得学生在享受游戏的过程中自然而然地学习道德知识和实践道德行为。

2. 网络教育平台的发展

互联网和移动技术的广泛应用使得教育资源的获取更为便捷，德育资源的传播也因此得以极大扩展。网络教育平台如MOOCs（大规模在线开放课程）和各种学习管理系统（LMS），不仅打破了地理界线，允许来自不同文化和地区背景的学生和教师共同参与德育课程，而且可以实时更新教学内容，根据社会动态和文化发展进行快速调整。这些平台还通过论坛和讨论组，促进了学生之间以及学生和教师之间的交流和讨论，为德育教育提供了丰富的视角和多样化的解决方案。

这些技术的应用不仅使得德育教育更加生动和实效，也提高了学生的学习兴趣和参与度，从而有效地促进了德育教育目标的实现。

（二）国际合作

在全球化的大背景下，国际合作逐渐成为高校德育工作的一大助力。通过国际教育交流项目和全球德育理念的共享，不仅有助于拓宽教育视野，还能够促进不同文化之间的理解与尊重，为德育教育带来丰富多元的视角和方法。

1. 国际教育交流项目

随着教育全球化的推进，多种国际交流项目如学生交换、联合研究以及国际会议等日益增多。这些交流项目使得学生和教师能够直接参与到其他文化和教育体系中，实现知识与经验的互补。例如，通过参加海外学习项目，学生不仅可以学习外语和专业知识，更能在不同的文化环境中体验和学习当地的道德观念和行为准则。这种亲身体验既加深了学生对全球多样性的认识和尊重，也促进了他们全面而平衡的价值观形成。

2. 全球视野下的德育理念共享

在全球化的推动下，德育教育的理念和实践越来越多地被共享和讨论。国际合作提供了一个宝贵的平台，让教育工作者能够交流各自的德育理念，学习不同国家在面对共同挑战如诚信、公正和责任感培养方面的成功经验。通过参与国际会议、联合研究以及共同制定教育标准，教育工作者可以汲取全球德育教育的最佳实践，将其融入本国的教育体系中，从而构建出更加开放和包容的德育教育模式。这种跨文化的理念交流和实践分享，不仅丰富了教育内容，也使德育教育更加符合全球化时代的需求。

通过这些国际合作项目，德育教育得以超越国界和文化的限制，促进了全球范围内道德教育的发展与创新。这种国际视角的引入，不仅有助于提升学生的全球竞争力，还促进了全球公民意识的培养，为应对全球共同挑战打下了坚实的基础。

（三）政策支持

随着对教育重要性的日益认识，特别是德育教育在培养符合社会需求的全面发展人才中的关键作用，政府和教育主管部门纷纷推出一系列政策支持措施，从而确保德育教育的质量和效果。

1. 国家对德育教育的强化政策

面对现代社会复杂多变的教育需求，国家政策逐渐强调德育教育的重要性，通过制定和实施具体政策来强化其在整体教育体系中的地位。例如，政府不断增加对德育相关项目的资金投入，支持学校和教育机构开发新的德育课程和活动。此外，教育部门也在不断改革德育教育指导方针，确保其内容与方法都能与时俱进，满足学生的实际需要。这些政策的推动不仅提升了德育教育的质量，也加强了教师和教育工作者在德育实施过程中的专业支持和指导。

2. 社会主义核心价值观的推广

在中国，社会主义核心价值观的推广已成为国家战略的一部分，这为德育教育提供了明确的内容和方向。通过在学校教育中强调和推广社会主义核心价值观，不仅强化了学生的国家认同感和责任感，还有助于形成共同的社会道德标准。此举确保了德育教育不仅仅停留在知识传授层面，更深层次地影响着学生的价值观和行为习惯。政府和相关部门通过各种渠道和活动，如学校课程、公共媒体和社区活动，积极推广社会主义核心价值观，以确保其广泛传播并深入人心。

这些政策的支持不仅为德育教育提供了强有力的后盾，也为教育工作者和政策制定者之间建立了良好的沟通与合作机制，共同推动德育教育向更高标准和更广覆盖面迈进。通过这些措施，德育教育在培养符合社会主义现代化建设需求的高素质人才中的作用得到了充分的发挥和肯定。

（四）社会责任感的增强

在全球化的今天，社会责任感的增强为德育教育提供了新的动力和广泛的支持。各界对培养有道德责任感的公民的需求不断增加，这反过来推动了德育教育的深化和扩展。

1. 企业与非政府组织对德育的支持

在当代社会，企业和非政府组织（NGO）已经开始承担更多的社会责任，其中包括对教育特别是德育教育的投入和支持。这些组织通过资助学校的德育项目、提供教育资源或开展合作项目，积极参与德育教育的实践。例如，一些企业通过企业社会责任（CSR）项目，支持学校开展课外活动或提供实践平台帮助学生在实际环境中学习和实践道德教育。这种支持不仅增强了德育教育的实效性，也使得德育教育的实施更加多样化和丰富。

2. 社会对优质德育的需求增加

在社会竞争日益激烈的今天，公众越来越认识到优质的德育教育对于培养责任感强、具备良好道德品质的公民的重要性。这种需求促使教育部门和学校将德育教育作为教育体系的核心部分来加以强化。社会各界，包括家庭、教育机构和政策制定者，都在关注如何通过德育教育培养学生的道德判断能力、责任感和社会参与意识。因此，德育教育不仅是学校教育的重要组成部分，也是社会发展的重要基石。

这两个方面的进展显示，随着社会对德行和责任感的需求增加，德育教育正得到社会各界更广泛的支持和认可。这不仅有助于提升教育质量，也为德育教育的未来发展提供了坚实的社会基础和广泛的参与平台。总体来说，这些机遇为德育教育的现代化和全球化提供了强有力的支持和广阔的发展空间，有助于其在全面培养合格公民中发挥更加积极和核心的作用。

第二章　大学生的价值观与道德发展

在当今多元化和全球化迅速发展的社会中，大学生的价值观和道德发展面临着前所未有的挑战和机遇。大学生不仅是知识的接受者，也是未来社会的建设者和领导者。因此，探讨和理解大学生的价值观形成与道德成长的过程，对于培养他们成为具有全球视野和社会责任感的公民尤为关键。本书旨在分析大学生价值观的形成机制，探索他们在快速变化的社会环境中如何进行道德选择，并评估这一过程中教育机构的作用和影响。通过深入分析，我们希望能够提供一些策略和建议，以支持大学生在复杂的社会环境中做出有道德和有价值的决策，从而促进个人和社会的整体发展。

第一节　价值观形成的心理学基础

当代大学生的价值观形成不是一个单一的直线过程，而是多种因素相互作用的结果。这些因素共同影响着大学生的价值观发展。深入了解这一过程中的自觉构建可以帮助我们更准确地理解大学生正确价值观形成的标准和逻辑，从而为引导大学生形成正确的价值观提供理论支持和实践指导。

一、当代大学生价值观形成的前提

价值观是一种意识形态，个体在实践活动中逐步形成，是个体在适应环境和满足自身需求中的思考、评判和选择的结果。大学生的价值观体现为日常学习生活中的基本思想和观点，其形成依赖于三个基本条件：个人需求、自我意识和实践活动。这三个方面共同作用，使价值观的形成具有现实性。因此，大学生价值观的形成首先需要满足三个基本前提：个人需求、自我意识和实践活动，这些都在大学生价值观形成中扮演了至关重要的角色。

（一）个人需求是大学生价值观形成的客观前提

个人需求反映了个体的一种特定的状态，是个体行为的内在驱动力，是在不平衡的环境中产生的一种自觉倾向。这些需求属于社会性需求，即个人在社会成长过程中自发生成的愿望和需求，这些是驱动一切心理和行为活动的根本动力，也是形成价值观的客观前提。价值通常体现在物品的有用性上，对个体而言有用即具有价值。这种有用性需要通过个体的需求来实现其价值。个体会根据自己的需求来评判事物的价值，当客观事物能满足个体需求时，便会促使个体对该事物形成特定的思想和观点。

需要是价值观形成的一个重要源头。个体是否形成特定的价值观，主要取决于这些价值观是否能满足个体的发展需求。如果不能满足这些需求，价值观的形成便无从谈起。价值观的形成是一个全面的认知过程，是在个人需求的推动下完成的，是对事物价值的一种能动反映。

人的需要具有内在的规定性，是一切行动、思维和情绪的基础。在社会生活中，人们根据自身的需要评价和思考各种客观事物，并据此做出价值判断。这种需要是持续存在的，并伴随人的一生。个体的成长和发展实质上是其内在需求不断得到满足的过程。因此，人们所形成的价值观和所树立的目标理想，都源自他们深层的内在需求。人作为社会群体的一员，其需求具有社会性，能将社会群体的需求转化为自身的需求，这也决定了人们价值观的社会历史性。

（二）自我意识是大学生价值观形成的主观前提

自我意识指的是个体对自身存在进行深思熟虑后获得的全面且清晰的理解和认知。它包括个体对自己的行为、道德、诚信和友善等方面的意识。随着自我意识的觉醒，个体会形成不同层次的思想观念，这些观念依托于个体的自我需求，对外部世界产生系统的认识、评价和看法。因此，价值观的形成与自我意识的觉醒密切相关，必须依赖于高度发展的自我意识来细致把握和全面理解各种外部事物。

自我意识是价值观形成的主观条件。个体在自我意识的引导下，对事物的价值进行评价和选择。通过不断地筛选和过滤，个体最终接受那些与自己思想理念相符的价值观。自我意识主要体现在个体的评价、感知、解读、判断、控制和选择等多方面能力上。随着个体自我意识的增强，表明该个体在逐渐成熟，问题考虑更全面，思维方式得到显著提升，道德素养在持续完善。

自我意识使大学生能够正确地认识自身与外部世界的关系，以自我需求为标准，在社会实践的反复过程中形成一定的价值观念。自我意识的存在帮助个体有效地区分主观与客观，进而推动个人价值观的形成。这种意识使大学生能对自己的社会角色、地位和责任有一个理性的认知，对外部事物持客观准确的看法，从而形成符合其健康成长的价值观。在学习和生活过程中，大学生受到自我意识的支配和调节，他们按照自身的需求，在社会实践中形成和发展自我价值观。形成的价值观将影响他们的思想道德和行为表现，指导他们在实践中继续对外部事物进行评价和选择。这是一个动态循环的过程，他们的价值观在系统的反复操作中不断调整，从而实现有效的发展和稳固。

总之，大学生的自我意识是其价值观形成的主观前提，它影响着他们的价值判断，促使他们对外部世界进行深入思考，并最终形成个人的价值观。如果缺乏自我意识，大学生在面对复杂多变的外部世界时可能会感到迷茫，其价值观的形成也会受到影响。

（三）实践活动是大学生价值观形成的现实前提

实践活动不仅是人们获取和验证知识的基础，而且在个体的价值观形成中扮演着核心角色。作为一种基本活动，实践是衡量和检验个人价值观的唯一标准，因为人们在实际行动中对外部事物的价值认识得以检验并在心智中得到加强。这一过程通过长期的反复实践和修正，逐渐促使人形成稳定的思想观念。因此，人的价值观确立在实践的基础之上，通过实践的验证获得进一步的巩固，从而在个人心中的地位和影响力不断提升，逐步演变成难以改变的稳定价值观念。

实践是理解价值问题的关键要素和重要途径，是个体价值观形成的现实条件。个人的价值观，作为对外部事物的认识、评价和选择的体现，不是空中楼阁，而是依赖于实际的社会实践活动。在实践中，个体不仅对事物产生需求，还会逐步形成自我意识，进而构建与之相符的价值观念。没有实践活动，个体的需求和自我意识就无从谈起，价值观的形成也就无从实现。

在现实生活中，人们的社会实践决定了他们的生活方式，并在这一过程中形成对外部世界的认识和评价。这些认识和评价是在不断的社会实践中生成的，人们通过活动表达自己的独特见解和态度，并将其转化为社会行为。因此，个人价值观的形成包括一系列的价值变迁，这一过程是从表及里、由浅入深的，且必须在实践中得以体现。

大学生的价值观形成需要通过参与多样的校园实践体验，深入思考和感悟，使得其价值观逐渐沉淀并展现出成熟稳定的特征。学习和实践活动为大学生提供了认知探索的重要平台，是他们价值观形成的肥沃土壤。在这些活动中，大学生不仅满足自己对知识的渴求，扩展兴趣和社交圈，也锤炼自己的判断力和思维方式，提升专业技能和道德修养，培养个性和人格魅力。

正处在价值观形成关键期的大学生，通过学习和实践活动，不仅学会做出价值判断，而且形成了良好的价值观，这些价值观一旦确立，便具有相对的稳定性，不会轻易改变，并在他们未来的生活中发挥重要作用。

二、当代大学生价值观形成的内在条件

当代大学生的价值观形成是一个内在的心理过程，体现了他们对外部事物的基本观点、立场和态度。价值观的形成主要依赖于学生的内心活动和心理结构。在这个过程中，虽然多种因素共同作用，但主体的内在心理特征是起决定性作用的。由于不同学生的心理发展水平和对外界的理解存在本质差异，因此，他们形成的价值观也带有明显的个体特征。这些内在条件是相互关联和协调的，共同影响价值观的形成。

（一）认知水平是大学生价值观形成的起源

认知水平是指个人对社会事物的主观认识、理解与辨别。这种认知是通过对信息的心理加工过程产生的，它是个体理解外部世界的方式和能力。认知水平作为价值观形成的根基，深刻影响着个人如何看待和评价周围的社会环境，决定了他们对事物的认识深度和广度。

在认知发展的初级阶段，个人倾向于通过感性认知来理解世界，这种认知基于直观和表面的感受，往往是第一时间对事物做出的判断。例如，一个人可能会基于第一印象判断他人的性格，而不是深入了解其行为的背景和动机。这种认知虽然迅速但常常是片面的，有时甚至是误导性的，因为它未能抓住问题的本质。

随着教育的深入和个体经验的积累，尤其是在大学教育的影响下，学生们的认知能力逐步向理性认知转变。理性认知是基于对事物内在逻辑和原理的深入理解，它要求分析性和批判性思考，超越了表面现象去探索更深层次的真相。这种认知方式使学

生能够对复杂的社会现象进行全面和系统的评估，形成更全面和深刻的价值判断。

例如，在大学学习期间，学生们通过参与不同的学术讨论和批判性思维训练，逐渐学会从多个角度和维度分析问题，这种能力的培养是他们形成独立和成熟价值观的关键。他们开始理解社会问题的复杂性，学会在做出价值判断之前权衡不同的观点和证据。

因此，大学阶段是价值观形成的关键期，学生们的认知水平在这一阶段得到显著提升，从而有助于他们建立一套符合逻辑和具有批判性的价值系统。通过这种深化的认知过程，他们能够更好地理解社会的多样性和复杂性，形成对事物更全面和成熟的看法，这种看法将指导他们的行为和决策，影响他们的整个人生。

（二）情感体验是大学生价值观形成的依据

情感体验是个人对外部事物是否满足其内在需求的直接反映。它是一种深刻的心理体验，可以极大地影响个人对事物的价值评价和行为选择。例如，当个人的需求通过某些活动、人或物得到满足时，他们往往会产生积极的情感体验，如快乐、满足和被尊重，这些体验会促使他们对这些因素形成正面的价值观。相反，如果个人的需求未被满足，或遭遇挫折和失望，他们可能会产生负面情感，如沮丧、愤怒或不信任，这也会影响他们对相关事物的价值判断，从而形成负面的价值观。

情感体验在大学生的价值观形成过程中扮演了核心角色。大学期间，学生经历各种新的情境和挑战，如学术压力、人际关系和职业规划等，这些情境会触发丰富的情感体验。这些体验不仅影响他们对特定事件的看法，而且也在更广泛的层面上塑造了他们的世界观和人生观。

正面的情感体验，如在团队项目中的成功合作，或在挑战中的成就感，可以增强学生的自信心和责任感，促使他们形成对合作和努力的正面评价。反之，经历挫败或不公正对待时产生的负面情感，可能使学生对某些社会结构或关系持批判态度。

情感体验的重要性在于它们提供了一个情感上的连接，将抽象的价值观念与个人的日常经历紧密联系起来。这种连接确保了价值观不仅仅是头脑中的思想，而是深深植根于个人的情感和生活经验中，从而在个人的行为和决策中发挥着实际的、持续的影响。

因此，大学生的情感体验是理解和塑造其价值观的关键。通过各种教育和社会活动引发的情感体验，不仅有助于学生认识和理解自身的情感反应，也为他们提供了评估和选择价值观的基础，使他们能够在未来的社会实践中做出更成熟和考虑周到的决策。

（三） 意志调节是大学生价值观形成的保障

意志力是克服困难的精神动力，它涉及个体自我组织和调节自己的行为以达到设定的目标。意志在价值观的形成过程中起到调节和推动作用。这是因为，虽然价值观的形成受到多种内外因素的影响，但意志力可以帮助个体抵御可能导致价值观偏离的消极因素。

坚定的意志力能提供持久的驱动作用，增强个体在社会实践中的行动力。通过长期而持续的自我控制和自我强化，意志不仅可以帮助个体维持和强化已形成的价值观，还可以促进稳定的行为习惯和思想观念的发展。

意志力的作用不仅限于提升个人的行动能力，它还能有效地调节个人的情感状态，确保情感波动不会削弱或偏离正向价值观。例如，通过意志力的作用，即使在遇到失败和挑战时，个体也能保持乐观态度，继续按照其正向价值观行动。

此外，意志力对个人的认知活动也有积极影响，能增强目的性和行动的有效性，帮助个体在面对复杂社会现象时，作出更加合理和深刻的评价。因此，强大的意志是形成和维持健全价值观的重要保障，使个体能够在社会实践中不断追求并实现自己的远大理想。

三、外部条件对当代大学生价值观形成的影响

当代大学生的价值观形成不仅依赖于个人的内在心理活动，也受到所处时代环境和外部条件的深刻影响。这些外部因素在价值观的形成过程中起到关键的制约作用，使得大学生的价值观与他们的生活环境密切相关。

（一） 政治经济环境的影响

政治经济环境对大学生价值观的影响具有深远的意义，它不仅塑造了大学生的价值取向，还决定了他们社会责任感和道德观的发展方向。在中国，政治经济的稳步发展和国家政策的导向性作用对大学生价值观形成具有显著的影响。政府通过教育政

策、文化推广和经济规划，有效地引导年轻一代形成了以爱国主义、集体主义和社会主义核心价值观为主导的价值体系。

随着中国政治经济的快速变化，新的社会阶层和市场经济结构对大学生的价值观也产生了显著影响。市场经济的发展提供了更多的职业选择和生活方式，使得一部分大学生在价值观念上出现了多样化的趋势。例如，随着私营企业的兴起和国际交流的增加，一些大学生开始更加重视个人职业发展和经济独立，这反映了个人主义和实用主义价值取向的增强。

然而，经济的快速增长和社会竞争的加剧也带来了一些负面影响。在物质极大丰富的市场环境中，一部分大学生可能会产生过度追求物质利益的倾向，形成拜金主义和享乐主义的不健康价值观。这种趋势不仅影响了他们的心理健康，也可能导致道德风险和社会责任感的缺失。

为了应对这些挑战，中国的教育政策强调加强德育，通过课堂教学、社会实践和文化活动，不断强化大学生的社会主义核心价值观。通过这些教育活动，大学生被鼓励树立正确的世界观、人生观和价值观，形成坚定的社会责任感和集体主义精神。

总之，政治经济环境是塑造大学生价值观的重要外部因素。通过政策引导和经济发展，可以有效地培养大学生的社会责任感和正确的价值取向。同时，必须警惕经济发展中可能带来的物质主义和享乐主义倾向，确保大学生价值观的健康发展。

（二）社会文化的熏陶

社会文化的熏陶在塑造大学生价值观中扮演着核心角色。在中国，深厚的历史文化底蕴和丰富的哲学思想，如儒家的仁爱思想、道家的自然和谐观念，以及法家的社会秩序观点，一直是教育中传授的重要内容。这些传统价值观通过教育系统的教授和家庭的教育方式传递给年轻一代，促进了大学生道德观和行为准则的形成。

随着全球化的加速，西方的各种价值观也通过电影、音乐、网络和书籍等多种渠道进入中国，与中国的传统文化相互作用。这种文化的交融为大学生的思想开阔提供了广阔的平台，使他们在接触多元文化的过程中，能够对不同文化背景下的价值观进行比较和选择。

此外，新媒体技术的发展极大地促进了文化的传播速度和范围，使得大学生更容易接触到全球各地的文化现象。社交媒体平台如微博、抖音等，不仅使年轻人能够迅速吸收新的思想观念，也让他们的价值取向受到来自全球各地的不同文化的影响。

然而，这种快速的文化交流也带来了挑战。外来文化中的一些消费主义和个人主义观念可能与中国传统的集体主义和家庭观念发生冲突，引起价值观的冲突和混淆。因此，大学生需要在广泛接触和吸收外来文化的同时，学习如何批判性地分析和评价这些文化，选择适合自己的价值观。

综上所述，社会文化环境不仅通过传统文化的传承影响大学生价值观，全球化和新媒体的兴起也为他们的价值观形成带来了新的视角和挑战。这要求大学生在面对多元文化的冲击时，能够保持理性的态度，合理融合各种文化元素，形成一个既尊重传统又开放包容的价值体系。

（三）教育的影响力在大学生价值观形成中的作用

教育在塑造当代大学生价值观中扮演着核心角色，通过系统的教学内容和方法，直接影响着学生的思想和行为。教育通过灌输知识和社会规范，帮助学生形成与社会发展相符合的价值观。以下几个方面特别体现了教育在价值观形成中的引导作用：

（1）社会教育：社会教育在大学生价值观形成中起到了桥梁和传递者的作用。通过新闻媒体、网络平台、公共讲座和社区活动等多种途径，社会不断向大学生传达和强化当前主流的社会、政治和文化价值观。例如，国家的节日庆典、公益活动和主题教育常常被用来传递社会主义核心价值观。这些活动不仅加深了大学生对国家和社会责任的认识，也激发了他们的爱国情感和社会责任感，从而逐步引导他们接纳和内化这些价值观。

（2）学校教育：学校教育通过课堂教学、实践活动和校园文化建设等方式系统性地对大学生进行价值观教育。学校为大学生提供了一个学习和探索多样化价值观的环境，如开设思想政治理论课、社会责任项目和志愿服务活动，旨在培养学生的批判性思维和道德判断力。通过参与这些活动，大学生能够在实践中深化对社会问题的理解和认识，增强其实际解决问题的能力，同时也有助于形成健康的职业道德和社会价值观。

（3）家庭教育：家庭作为个体社会化的第一站，对大学生的价值观有着根本性的影响。父母的行为习惯、生活态度和处理问题的方式，都无形中成为孩子学习的榜样。家庭环境的和谐与否，父母的教育方式，如开放式对话还是权威式命令，直接影响大学生的性格和价值取向。因此，建立一个支持和尊重的家庭氛围对于培养大学生的积极价值观尤为关键。

（4）自我教育：自我教育是大学生价值观形成的持续过程，涉及个人主动寻求成长和自我完善。大学生在面对不断变化的社会环境时，通过阅读、思考和社会交往不断地审视和调整自己的价值观。自我教育也包括对自己的期望和目标的反思，以及如何通过自我调整以适应社会的期望。在这一过程中，大学生学习如何独立思考问题，如何批判性地接受或拒绝外界的信息，最终形成成熟、独立和坚定的个人价值观。

教育通过这些多维度的作用，确保大学生可以在一个全面、均衡的环境中形成健康和积极的价值观。这些教育途径共同构成了一个强有力的网络，影响和塑造着当代大学生的价值方向和生活选择。

（四）大众传媒在大学生价值观形成中的作用

大众传媒是大学生获取信息的重要渠道，对他们的价值观形成具有显著影响。大众传媒如报纸、电视、互联网等，通过其广泛的覆盖和快速的信息传播能力，深刻影响大学生的思想和行为。

（1）信息传播的速度和范围：在当今信息化时代，大众传媒具有前所未有的速度和范围，它打破了地理和时间的限制，允许大学生几乎即时地接触到国内外的最新事件和多样化的观点。这种全球信息的即时获取不仅扩展了他们的视野，也促使他们对不同文化和社会现象进行思考，从而深刻地影响了他们的世界观和价值观。快速的信息传递使得大学生能够及时了解世界动态，参与到更广泛的社会讨论和运动中，这种参与感加强了他们的社会责任感和全球意识。

（2）多样化的传播形式：现代大众传媒采用多种形式传递信息，包括视频、音频、图文等，这些形式比传统文本更能吸引大学生的注意力。视频和音频的直观性和情感表达力使得信息更容易被接受和理解，同时图文结合的内容展示可以更全面地覆盖不同的学习和接收偏好。这种多样化的信息展示不仅增强了信息的吸引力，也提高了其说服力，使得大学生在无形中接受了这些信息背后的价值观和观点，从而深化了传媒对其价值观形成的影响。

（3）社会主流价值观的传播：大众传媒是社会主流价值观的主要传播者，通过电视节目、新闻报道、在线媒体等渠道，不断呈现和重复某些社会认可的观点和价值。

这种重复的信息传递帮助大学生逐渐构建与社会期待相符合的价值系统，尤其是在道德、政治和社会行为等方面。通过不断接触这些经过筛选和加工的信息，大学生能够形成一种社会认同感，认识到自己的社会角色和责任。

（4）双向互动的平台：随着新媒体技术的发展，大众传媒已经从传统的单向传播模式转变为双向互动的平台。大学生现在可以通过评论、分享、创作内容等形式参与到媒体内容的生产和讨论中。这种互动性不仅增加了他们对信息的参与感和归属感，也使他们在交流中塑造和调整自己的价值观。通过这些平台，大学生可以表达自己的观点，接受或反驳他人的意见，从而在多元对话中磨炼自己的思考和价值判断能力。

（5）舆论环境的影响：大众传媒塑造的舆论环境在大学生价值观形成中起着至关重要的导向作用。正面的舆论环境，如推广正义、诚信、公平等价值观，可以激励大学生形成积极健康的价值取向。相反，如果媒体普遍传播负面信息或偏激观点，如物质主义、享乐主义等，可能会导致大学生形成偏颇的价值观。因此，理解和评估大众传媒所塑造的舆论环境对于培养大学生正确的价值观是至关重要的。

因此，大众传媒在当代大学生的价值观形成中起着不可忽视的作用。为了保证大学生能形成正确的价值观，需要关注和引导大众传媒中的内容和舆论方向，确保传媒的积极作用得以发挥。

四、当代大学生价值观形成的发展规律

当代大学生的价值观不是先天具备的，而是在学习和实践的过程中，基于文化知识的积累而逐步形成的。这些价值观的形成是一个复杂的过程，受到外部环境和内在个人因素的共同影响。在实践中，这些内外因素相互作用、调节和制约，共同塑造大学生的价值观。理解这一发展规律，对于引导大学生形成科学和健全的价值观具有重要意义。

（一）外在环境的相互作用

外在环境的相互作用对当代大学生价值观的形成起到了决定性的作用。在这个过程中，价值观不仅是大学生对外部世界的一种情感和认知反应，更是他们在社会实践中与环境进行持续互动的产物。这种互动反映了大学生对环境的适应和主动改造的能力。具体来说，大学生的价值观形成过程依赖于个人对外界事物的情感吸收和认知选

择，同时也受到个人需求与社会环境需求是否能够协调一致的影响。

当个人需求与外部环境的需求达到一种协调时，大学生会将社会的思想观念和道德规范内化为个人的行为准则和价值观。这一过程不是静态的，而是一个动态的、连续的交互过程，其中大学生的价值观会通过不断的社会实践和外部环境的互动而得到升华和发展。这种动态的交互形成了一种螺旋式上升的趋势，即大学生在与外部世界的交互中不断调整和提升自己的价值观，以更好地适应环境的变化并促进个人的全面发展。

此外，通过社会实践，大学生不仅能够对环境进行有效的改造，还能在这个过程中反思和增强自己的价值观。他们在面对社会挑战和个人目标时，能够更好地识别和解决问题，从而在实际行动中实现个人价值观与社会需求的融合。这种实践不仅帮助他们建立起与时代相符的价值观，也使他们能够在未来的职业和社会生活中展现出更高的适应性和创造力。通过这种持续的外部互动，大学生最终能够形成一套既符合个人兴趣也符合社会期待的成熟价值体系。

（二）内在思想的相互转化

当代大学生价值观的形成是一个内外因素互动的复杂过程，其中内在思想的转化起着核心作用。根据辩证唯物主义，事物的发展变化源于内部矛盾的运动。对于大学生而言，价值观的形成不仅受外部环境的影响，还更多地依赖于他们个人的心理和情感发展。这一过程始于个人的自我需求和自我意识，这些内在因素在与外部环境相互作用时，引发价值观的形成和变化。

具体地，大学生的自我需求反映了他们的期望和动机，是形成价值观的前提。自我意识则作为主观条件，引导他们分析和评估外界事物，形成相应的价值判断。在这一过程中，内在因素不断与外部环境发生冲突和融合，经历矛盾和调整，逐步达到一种动态平衡。随着个人成长，这些内在因素可能会发展不一致，导致新的矛盾和冲突。大学生通过认识和解决这些矛盾，不断调整自己的价值观，使之与个人发展方向保持一致。

此外，内外因素间的矛盾也会促使价值观的变革。大学生在化解这些矛盾的过程中，会形成新的价值观念，这些新观念会在后续的社会实践中继续演变，形成螺旋式上升的发展趋势。因此，当代大学生价值观的形成既是一个自我完善的过程，也是一个适应社会变革的过程，这些过程共同体现了他们成长的一般规律。

（三）内外要素的相互统一

当代大学生价值观的形成是一个内外因素共同作用的社会化过程。他们的价值观不是天生的，而是在个人发展和社会实践中逐渐塑造的。这个过程涉及多种因素的相互作用，包括个人的生理和心理发展、社会、学校和家庭环境的影响。

首先，大学生在生长成熟过程中，他们的生理和心理特征会显著改变，这对价值观的形成具有基础性影响。例如，他们在接受高等教育的过程中，通过学习科学文化知识，增强了思维辨别能力；通过扩大社交圈子，丰富了内在的情感世界。这些变化都在塑造他们的价值观念。

其次，外部环境，特别是家庭、学校和社会环境对大学生价值观的形成起到了指导和熏陶的作用。社会环境在网络信息化时代尤为重要，大量的信息资源和快速更新的新闻报道为大学生提供了形成现代价值观的材料。同时，网络环境的复杂性和信息的不均质性也可能对他们产生不良影响。

影响大学生价值观形成的内在要素主要包括他们的个人修养和思维方式，这些因素在价值观形成过程中起着决定性作用，直接影响价值观的方向。随着年龄和知识的增长，大学生的思想和道德观念会逐渐成熟和完善。

总之，内在因素和外在因素在大学生价值观形成中相互依存、相互影响。要正确理解和引导大学生价值观的形成，需要综合考虑这些因素的作用，坚持内外因素的统一，这样才能有效地促进大学生形成符合社会发展需求的健康价值观。

第二节　道德发展的阶段理论

自我养成机制是大学生形成道德自觉的关键，通过自主调节、结构稳定和持续超越，为大学生的道德自觉提供动力。道德自觉需要大学生主动学习、认识并实践道德，这些活动以其生活实际为基础，帮助他们逐渐形成理想的人格特质和道德境界。道德自我，作为大学生的核心道德主体，指引他们在精神和道德层面上进行自我超越，进而在实践中形成和提升道德自觉。此外，道德关系作为社会的支持条件，包括经济基础、善恶观念和道德规范等，这些关系是道德实质的存留地，也是道德自觉形成的社会条件。最终，道德人格的形成标志着大学生在内在意志、精神与外在行为上的统一，是他们道德发展的整体表现。在这一过程中，大学生通过自我努力，智慧和能力的运用，不断建构和完善自己的道德人格，从而达到较高的精神层次和道德自觉。

一、大学生道德的自我觉醒

人类具有独特的精神性存在，这种精神性主要表现在人们对道德的理解和自我觉察上，这些因素在很大程度上塑造了人的精神境界。美国人格心理学家乔治·赫伯特·米德提出，人类拥有"自我感"，能够像与他人交流一样与自己交流。[①] 这种能力使人类区别于动物，人类可以主观地反思和调整自己的思想与行为。

在道德自我形成的过程中，大学生的内在道德精神和意志起着关键作用。道德自我不仅是道德思想和实践的主体，也是连接道德判断与行为的桥梁。当大学生的道德自我觉醒后，他们才能够从自我中心的视角出发，启动道德自觉的形成过程。在大学生成长的初期阶段，他们已具备一定的文化素养和心理发展基础，这为道德自我的觉醒提供了条件。道德自我的觉醒是道德自觉养成的起点，涉及对道德的认知、理解和感受。

道德自我的觉醒过程包括三个方面的努力：关注自己的生活实践、审视自己的道德行为和构建自我道德观念。这是一个从外部世界到内心深处的转化过程，不仅需要理性和智慧，还需要自我觉醒和成长，从而使大学生能够自主地进行道德实践，实现自我内化和自我提升。这种过程不仅加强了他们的道德自律，也加深了对道德价值的理解和实践。

（一）关注生活

道德的根基深植于人们的社会生活，它不仅源于生活，更在日常生活中得以体现和发挥作用。对于大学生而言，他们道德的自觉形成是与他们的生活世界密不可分的。生活本身是一个充满文化意涵和价值的场景，每个人都在其中不断体验和感悟。

关注生活是大学生培养道德自觉的重要一环，这不仅是观察外部环境，更是一种深入理解自己内心世界的过程。通过积极关注和参与自己所处的生活环境，大学生能

---

① 陈秀锦. 从米德自我理论"看"生命教育 [D]. 苏州大学 [2024-11-07].

唤醒内心深处沉睡的道德自我，进而开始理解和实践道德的深层价值。这种关注涵盖了对个人独立性、人格价值的认识，对社会的道德文化和人文精神的探索。

在现代社会中，人们可能会对生活中的常态感到麻木，但道德自觉的培养要求大学生保持对生活的敏感和清醒，持续地觉察和发现生活中的道德价值。通过这种持续的关注和探索，大学生能够不断发现生活中的美好和道德的重要性，进而形成一种主动寻求和实践道德的态度。

首先，大学生的道德自觉深植于生活的丰富实践之中。正如哲学家狄尔泰所言，真正的思考和探索源自生活，而不是空泛的理论讨论。这意味着道德的理解和实践需从日常生活中的具体经验出发，通过实际参与和体验来深化。生物学的观点同样适用于道德领域，即生活的复杂性和丰富性远超我们的想象，因此，通过关注和参与生活，大学生可以更全面地理解道德的多样性和复杂性。

其次，对生活的关注使得大学生能够在不断的生活体验中积累感性材料，这是形成理性道德思考的基础。如苏格拉底强调的，理解人类社会的伦理需要深入生活，关注"城内的人"而非抽象的理论。这种关注帮助大学生理解自己的生活环境和社会关系，促进他们形成一个全面的伦理观。

同时，现代社会技术的发展和生活方式的变化也对大学生的道德自觉形成带来了挑战。卡西尔指出，人们往往将自己的生活小圈子视为世界的中心，这种狭隘的视角限制了对生活的全面理解和深入关注。因此，大学生需要跳出个人生活的局限，广泛关注社会和他人，从而在关注中成长和提升自己的道德认识。

最后，道德的自觉形成是一个动态的过程，需要大学生在生活中不断观察、思考和实践。孔子的教导"多见、多闻"提醒我们，通过广泛的生活体验和知识积累，大学生可以更有效地选择和吸收符合他们道德价值观的行为模式。通过这种方式，他们不仅仅是接受传统的道德规范，而是能够根据自己的生活经验和理解，形成一个内在化的、有深度的道德认识体系。

总之，通过深入生活的不断实践和体验，大学生能够在日常生活中寻找道德的意义和价值，进而形成成熟的道德自我，有效地应对生活中的道德挑战，真正地活出道德的价值。

（二）省察道德

关注生活是大学生道德自觉的重要一步。道德随社会进步不断更新、重构，具有时代特色和强烈的情境性。大学生应以开放心态探索生活，深入了解道德的多样解读和应用。这要求他们保持独立性和批判性，不仅外审社会的道德规范，也内省个人的道德思维和行为，以促进内外兼修的自我修养和道德自觉。

从文化传统到个人成长，道德影响深植大学生心理，使得内外道德审视互为表里、相互影响。深入的道德省察不仅增强对道德价值的理解，而且通过持续的反思和批判，使道德理念得以更新、丰富个人道德水平。省察使大学生识别并深究道德的深层含义，实现道德的真正自我觉醒，提升生活的道德质量。

首先，道德具有时代性。历史与时代的演进推动道德观念及价值观的更新，形成适应社会变迁的行为体系。道德规范以人为本，随着社会发展而适应，不会自动淘汰。道德的活力和有效性依赖于社会成员对其的审视、甄别和选择。大学生作为社会未来的中坚力量，应发展独立的道德判断力，理性地审视并选择适合时代发展和人性自由的道德准则。

其次，道德具有复杂性。现代社会的快速发展带来人际交往的复杂化，如网络道德和文化多元化的影响。道德规范在维护社会秩序和促进公共利益中发挥关键作用，但也需适应各种人际关系和社会特征的差异。大学生需谨慎地学习和应用道德，通过理性思维深入理解并审视道德的价值和功能，避免道德实践的形式化和固定化。

最后，道德具有多样性。不同时代和社会背景下，道德观念呈现多样化，甚至出现矛盾状态。社会经济转型和文化交融导致道德观念的多元化更加显著。这要求大学生在多元道德环境中进行深入的甄别和选择，理解不同情境下的道德原则和价值。通过持续的道德省察，大学生能在日益多元的道德环境中坚持原则，追求价值，优化自身的道德品质和自主能力。

在社会变迁的浪潮中，人与人、人与自然、人与社会之间的关系及交往规范持续被重新定义与理解。道德的把握也正处于不断地调整、重塑与精炼过程中。道德的发展历程显示，它应依托于人性和理性两大基础，正如钱逊先生所指出，其中外在的理性基础体现了社会的进步与变迁，与内在的人性基础共同构成了道德发展的双重支柱。

首先，考察道德是否有利于社会生产力的发展至关重要。道德起源于人类的群居生活，旨在维护群体的整体利益。历史表明，那些符合社会发展规律的道德持续在人类社会中发挥作用，而与之相反的则被历史所抛弃。大学生在省察道德时，应从身边的道德实例出发，深入探讨这些规范所代表的道德价值取向及其对当代社会的实际意义。

其次，考量道德是否有利于社会生产关系的发展也极为关键。道德通过规范、调节、引导人的行为，促进有利于群居性社会生活的行为发展。生产关系，作为人们在物质生产中所形成的各种社会关系的体现，是道德规范的基础。进步的生产关系不仅促进生产力的发展，还塑造和谐的社会关系，为优良道德提供了肥沃的土壤。道德的省察因此需要关注是否促进人与人之间的相互理解与合作，是否与社会大众的理想期望相符，是否有助于社会关系的和谐与稳定。

最后，道德是否有利于人的自由与全面发展同样重要。现代社会强调每个人的自由和平等，每个人都有追求自己理想与幸福的权利。道德应促进个体尊严的保护，确保人们在追求自身利益时尊重他人权利。大学生在对道德进行省察时，应关注道德标准是否尊重每个人的权利、尊严和价值，是否鼓励人追求多样化的生活和理想，从而确保每个人在社会中能够自由而全面地发展。

（三）自我建构

大学生在养成道德自觉的过程中，自我建构扮演了核心角色。自我建构是一种基于个体已有知识、生活经验和道德认知的主动建构过程。它涉及两个基本方面：同化和顺应。同化是将新的道德情境、知识或关系纳入个体现有的道德框架中，使其与既有的认知和经验相协调。顺应则是在面对全新的道德挑战或情境时，如果现有的道德结构不足以解释或应对这些新情况，个体需调整自身的道德结构以适应这些新的要求。

自我建构的重要性体现在以下几个方面。

（1）自主性与能动性的发挥：自我建构过程要求大学生发挥主观能动性，通过自我反思和实践体验，主动塑造和调整自己的道德观念和行为模式。这种过程是自发的，显示了个体对自身行为和价值观的主导权。

（2）道德自觉的形成：道德自觉不仅是对外在道德规范的接受和遵循，更是一种基于内在信念和价值观的自我约束和自我实现。通过自我建构，大学生能够形成一套内化的、符合个人认知和经验的道德系统。

（3）持续的意义建构：皮亚杰的建构主义理论强调知识和道德的生成是一个持续

的、动态的建构过程。大学生在自我建构的过程中，不断通过同化和顺应，应对新的道德挑战，这促使他们不断地调整和完善自己的道德观念。

（4）个性化道德的发展：自我建构使得道德自觉不仅是一种社会性的规范接受过程，而是一个个性化的道德成长过程。大学生通过个人经历和反思，形成独特的道德理解和实践方式，这些都是其个性和独立思考能力的体现。

综上所述，大学生的道德自觉和个人成长需要他们不断地参与到自我建构的活动中，这不仅有助于形成稳固的个人道德框架，还促进了他们作为独立和自主个体在复杂社会环境中的适应和发展。这种过程强调的是自主性的发挥和个性化的道德发展，是一种对个人内在潜能的深度挖掘和实现。

大学生在养成道德自觉的过程中，自我建构不仅是他们学习和理解道德的途径，也是他们与外部社会道德环境互动的重要方式。这一过程涉及个体内在认知结构的变化和丰富，同时也涉及对外部道德价值的接受与重构。在这个过程中，有几个关键的原则支撑着大学生的道德自我建构。

（1）遵循人的本性发展：道德自我建构的过程必须符合人的自然发展规律，尊重人的本性。这意味着个体在自我建构的过程中，不仅仅是对外部道德规范的学习和接受，更是一个内在的、符合个体性格和发展需求的自我实现过程。在这一过程中，大学生通过对自身道德观念的不断深化和完善，实现自我价值和个性的发展。

（2）价值倾向的介入：大学生在进行道德自我建构时，通常会受到自身已有的价值倾向的影响。这些价值倾向来源于他们的社会经验、教育背景和个人道德修养。在自我建构的过程中，大学生往往会根据这些先验的价值倾向来解读和评价不同的道德情境和问题，从而构建符合自身价值观的道德认知结构。

（3）生成道德意义的觉解：建构主义理论强调知识和道德意义的建构是一个动态的学习和理解过程。大学生在道德自觉的自我建构中，通过与社会环境的互动，不断地获取新的道德意义和价值觉解。这种觉解不是单向地接受，而是一个包含批判、反思和创新的过程。通过这个过程，大学生能够形成更加成熟和全面的道德观念，更好地理解和实践社会道德要求。

这些原则表明，道德自我建构不仅仅是个体内部的心理活动，而是一个涉及个体、社会和环境多方面互动的复杂过程。通过这一过程，大学生能够不断地调整和丰富自己的道德认知结构，形成更加稳固和成熟的道德人格。这种自我建构的过程有助于大学生实现自身的道德自主性和创造性，使他们成为既能独立思考又能负责任地参与社会道德生活的个体。

二、道德关系的圆融

马克思的观点强调了人的本质是社会关系的总和，这揭示了个体道德发展与广泛的社会交往之间不可分割的联系。正如爱尔维修所说，如果人完全孤立，道德的概念将无从谈起。这些观点一起强调了社会交往对于形成和理解道德的核心作用。

在这种框架下，大学生的道德自觉形成不仅仅是对内心的一种自我探索，而更是一种与外部世界的积极互动。通过与他人、社会、自然的不断交往和沟通，大学生在面对具体道德情境时可以更好地把握和处理与道德相关的权利、责任和义务。

（一）与自我内洽

在人与自我的关系中，自我内洽的概念是构建健康道德观的关键。这种自我和谐不仅关乎理性因素和感性因素的平衡，而且涉及如何将个体的内在价值观、情感、意志等因素整合为一个协调一致的整体。罗杰斯的人格理论中的自我和谐强调了个人与环境之间的一致性和协调性，这在大学生的道德自觉形成过程中尤为重要。[1]

大学生的自我内洽影响着他们如何处理与自身、他人以及社会的道德关系，因为只有在自我内洽的状态下，个体才能有效地理解和实践社会道德。这种内部的和谐状态允许大学生在面对道德挑战时，做出更加成熟和全面的判断，这种判断不仅仅是基于外部的规范和期望，更是一种从内在出发的自我认识和自我实现。

因此，道德自觉的关键在于大学生必须首先与自己和谐相处，认识到自己的内在价值和道德责任，从而在与外部世界的互动中展现出高度的道德自觉。通过这样的自我和谐，大学生能够在各种社会道德情境中做出理性而成熟的道德选择，形成全局性和完整性的道德理解。这种自我内洽不仅是自我认知的结果，也是持续自我成长和道德发展的基础。

当大学生与自我达成内洽时，他们在心理和价值观方面形成一种统一，这种内部的和谐有助于激发他们实现自我价值的精神需求，促进其本质性精神生活的发展。这

---

① 任丽云. 自我和谐研究对大学生心理健康教育的启示 [J]. 聊城大学学报：社会科学版，2007（2）：2.

种状态不仅对个人的成长和发展至关重要，也对其与外界的关系和互动产生深远影响。

首先，自我内洽可以显著改善大学生与外界的沟通关系。内在的和谐使得个体在面对外部世界时，能够更真实、全面地展现自我，从而建立更加有效和深入的人际交往。这种从内而外的透明和真诚是建立健康社会关系的基础。例如，心理学中的投射理论表明，我们如何看待外部世界很大程度上是我们内部状态的反映。因此，自我和谐的个体能够更全面和客观地理解外界，改善与之的互动。

其次，自我内洽对大学生形成道德自觉的心理状态具有重要作用。通过内在价值的认同和心理的和谐，个体更能明确自身的道德责任和义务，从而在日常生活中做出更符合道德标准的决策。儒家思想中强调的"为己之学"即通过自我修养实现内在和谐，进而在社会中实现价值。

最后，自我内洽是大学生道德自觉生成的基础。一个内在和谐的个体，对自己的长处和短处有清晰的认识，并能积极地推动自我发展。这种自我认识和自我提升是道德自觉形成的重要步骤，使大学生不仅能够认识到自己的道德现状，还能理解和实践更高级的道德理想。

综上所述，与自我的内洽是大学生形成圆融道德关系和高度道德自觉的关键。这不仅涉及自我实现和心理健康，也关乎如何有效地与社会其他成员交流互动，共同构建更加和谐的社会环境。讨论大学生的道德自觉形成涉及三个核心方面：道德思想与行为的统一、道德发展的不平衡与平衡的统一，以及个性道德与社会道德的统一。这些方面共同体现了道德自觉的复杂性和重要性。

首先，道德思想与行为的统一是道德自觉的基础。大学生应通过深入的自我认识来确保其行为不仅遵循道德规范，而且是基于内心真诚的道德信念。这种统一不仅反映在日常决策中，也是个体内在价值和外在行为和谐相融的标志。例如，马斯洛的理论指出，对自我的深入理解可以帮助人更自然地进行价值选择，从而使道德很自然地符合道德期望。大学生通过探索自身的本性、愿望和价值观，可以更好地实现这种统一。

其次，道德发展的不平衡与平衡的统一强调道德自觉是在不断变化的生活环境中形成的。每个人的生活经验都会遇到道德的挑战和困惑，而如何从这些不平衡中找到新的平衡点是道德成长的关键。皮亚杰的认知发展理论指出，个体在遇到新情境时可能会经历认知冲突，但这正是道德成熟和自我发展的机会。通过这种方式，大学生可以在面对生活的挑战时，重新评估和调整自己的道德认知，从而逐步形成更加成熟的道德观。

最后，个性道德与社会道德的统一探讨了大学生如何将社会道德规范内化为个人的道德行为。在这一过程中，大学生需要在尊重和理解社会道德的基础上，保持自己的个性特征和独立思考。这不仅要求他们接受社会共识，同时也鼓励他们根据个人的理解和情况进行适当的道德判断。这种统一是在个人自由与社会责任之间找到平衡的体现，也是形成成熟道德自觉的重要方面。

这三个方面的统一不仅有助于大学生形成坚实的道德基础，也使他们能在复杂多变的现代社会中做出负责任的决策，展示出成熟的人格特质。这种道德的自觉形成是一个连续的学习和实践过程，需要大学生在个人成长的每一个阶段都不断努力与实践。

（二）与他人圆融

大学生与自我之间的和谐关系是构建完善道德关系的基石，这种关系自内而外逐步扩展到与他人的互动中。心理学的研究揭示，和谐的人际关系能够促进个人的全面发展，这类关系的核心在于双方能够实现更深层的相互理解。大学生培养道德自觉的过程需要在这样的人际关系中进行，其中和谐且积极的交往为道德发展提供必要的社会支持。

哲学家哈贝马斯认为，人并非孤立个体，人的存在从根本上是建立在人际交往和理解的基础之上的。同样，海德格尔提出，理解是人的基本存在方式。[①] 在人与人的互动中，理解不仅仅是单向的，而是双向的沟通和交流，是一种心灵与心灵之间的对话，有助于加深彼此之间的精神理解。在这种交流中，个体不仅相互融合，还在碰撞和融合中相互磨合，从而更深入地了解自己并发现真正的自我。

施莱尔马赫曾指出，理解是一个人在心理层面上经历他人的心理和情感状态的过程，这种经历既包括心理复制也包括重构。哲学家伽达默尔认为，理解并非仅仅是复制，更是一种创造性的活动。他强调，人是以历史为背景的存在体，理解活动应当通过体验和生活来取代单纯的认知。

理解是一个涉及情感、意志和其他精神性因素的复杂过程，这不仅仅是一个外部

---

① 谢光前. 理解的复杂性和人类命运——兼论埃德加·莫兰的理解观 [J]. 徐州师范大学学报：哲学社会科学版，2007，33（6）：6.

的互动过程，也是个体内在的心理活动，包括移情和自省。研究表明，个体的道德发展与其理解他人的能力紧密相关，良好的人际理解关系有助于大学生的道德成长。

在与他人的相互理解中，大学生不仅理解彼此，而且深刻地认识到自己与他人关系的价值和意义。通过这种理解和交流，他们建构了彼此关系的深层意义，实现了自我与他人的融合，从而促进了道德的自觉形成和发展。

总的来说，人与人之间的交往并非静态，而是动态的相互作用和沟通过程。这种过程不仅是大学生道德成长的必要条件，也是他们形成道德自觉的过程。通过与他人的互动，大学生能够逐步深化对自我和他人的理解，从而在个人和社会层面上实现自己的道德和精神成长。

人与人之间的交往并不是静态的，而是包括了双方的相互作用、沟通和交流，这些都是人类最根本的存在方式。在与他人的交往中形成的相互理解关系，不仅是大学生道德成长的必要条件，也是他们形成道德自觉的重要过程。

首先，这种交往深化了大学生对自我道德的认识。心理学研究表明，个体在成长的早期阶段往往通过他人的评价和观点来认识自己，他人的反馈就像是一面镜子。在与人相处和交往的过程中，大学生逐渐发现并认识自己，从而推动自身的发展。他们的交往背景——包括生活经验、知识和人格修养——产生了补充效应，激发了他们发展自我意识的主动性。通过与他人的对话和沟通，大学生把自己和他人视为平等的交往伙伴，这有助于他们的道德主体性的成长。

其次，互动和理解促进了大学生主动按照道德规范来指导自己的行为。人类的道德价值和规范是历史和文化的积淀，也在人际交往中不断被赋予新的意义。在与人的互动中，大学生不仅能认识到自身与他人的差异，而且能够启发"见贤思齐焉，见不贤而内自省"的反思，主动规范自己的行为。这种相互理解的过程是新的道德认知的形成，使大学生能够超越以往的道德观念，填补自身的道德空缺。

最后，互动和理解使大学生主动提升自我道德水平。如罗尔斯等伦理学家所言，道德是建立在深刻理解人性的基础上的。通过与他人的相互理解，大学生能够更全面地认识人性的多面性，从而提高自己的道德水平。理解既是大学生与他人道德意识的融合方式，也是实现道德关系和谐的途径。随着对他人理解的深入，大学生的道德水平也将不断提升，道德不断发展和完善。

（三）与社会密切

道德起源于人类的群居生活，它的规范体系和价值内涵是在社会关系的土壤中逐渐成熟的。对于大学生而言，与社会的互动不仅是他们形成道德自觉的必要条件，也是他们道德关系网络中不可或缺的一部分。

人类天生是社会性的存在，道德的自觉形成离不开与社会的深入联系。这种自觉不仅代表了一个人拥有全面发展的人格特征，而且也体现了一个人在人类社会历史和文化发展中积累的深厚素质。这些素质是个体能在社会中持续成长的基础，是他们道德认知和实践能力的重要来源。

社会本质上是由人们在实践中形成的各种复杂的人际关系网。在这个网络中，人与社会的关系既复杂又密切，既有冲突也有依存。一方面，社会的每一个成员都有自我发展的愿望，希望社会能够顺应个人的期望和方向发展。然而，社会运行有其固有的规律和趋势，很难完全符合个人的所有愿望。社会作为一个整体存在，其发展强调普遍性和全面性，常常要求个体的利益服从于集体的利益。

另一方面，社会与个人的发展是相辅相成的。只有在社会的大环境中，个人才能找到发挥才能的舞台，实现自我价值。如同哲学家们所言，"只有在社会中，人才能发现自己的真正天性"。[①] 因此，个人的自由和自我实现，实际上是与社会的共同发展和进步紧密相连的。

总之，社会不仅为个体提供了实现个性和生命价值的场所，也是推动个体道德成长的重要环境。通过与社会的交互和实践，个体不仅能够提升自己的道德认识，还能在社会的帮助下，实现更高层次的自我实现和自由。

从社会与个人的关系出发，我们可以看到，道德不是由个人的内省或孤立的思考产生的，而是在与社会的广泛互动中形成和发展的。特别是对大学生而言，他们的道德觉悟和成熟是一个与社会环境密切相关的动态过程。在这一过程中，大学生才通过与社会的交往，不断扩展自己的视野和深化对道德价值的理解。

经济、科技的快速发展虽然为大学生的生活带来了诸多变化和挑战，有时甚至可能对其道德观念产生干扰，但这并不减少社会在道德发展中的重要作用。实际上，正

---

① 杨纯富. 论马克思对人的社会本质的分析 [J]. 社会科学辑刊, 1990（6）: 7.

是在这些复杂的社会环境中，大学生才能学习如何处理复杂的道德问题和关系，从而成长为具有高度道德自觉的个体。

大学生的道德自觉是在广泛的社会交往和实践中生成的。这不仅是因为社会提供了一个物质和精神的生长环境，也是因为社会交往本身就是道德实践的场所。在这种交往中，大学生不仅能够认识到个人行为对他人和社会的影响，还能够在不同的社会情境中测试和调整自己的道德判断。

此外，广泛的社会关系网络为大学生提供了多样化的视角和经验，使他们能够理解和吸收多元的道德观念。这种理解和吸收过程有助于大学生在个体道德和社会道德之间找到平衡，形成既尊重个人自由也强调社会责任的道德观。

总的来说，大学生的道德自觉不仅反映了个人的成长和发展，也是社会整体文化和价值观的体现。通过与社会的互动和实践，大学生能够逐步建立起一种全面和成熟的道德观，这种道德观既能引导他们正确处理个人与社会的关系，也能帮助他们更好地实现自我发展和自我实现。这一过程不仅是个人的道德成长，也是社会文化传承和发展的重要部分。

（四）与自然和谐

人与自然的道德关系是现代道德哲学中一个重要而紧迫的议题。随着环境危机的加剧，如全球变暖、生态退化等，人类对自然的态度和行为受到越来越多的关注和反思。对于大学生来说，这不仅是学习和实践个人道德的问题，也是其作为未来社会成员承担环保责任和义务的体现。

首先，大学生通过道德教育和社会实践，应当认识到自己既是自然的一部分，又因具备主观意识而在自然界中占有特殊地位。这种认识促使他们理解人类行为对自然环境的长远影响，并激发他们从伦理道德的角度审视人与自然的关系。

其次，道德自觉在人与自然的关系中尤为重要。生态伦理学的核心是认识到人类的生存和发展与自然环境的健康密不可分。因此，大学生应当学会从生态整体性的视角思考问题，关心自然不仅是为了人类的利益，更是出于对生物多样性和地球生态系统本身价值的尊重。

此外，恩格斯的警告也提醒我们，人类对自然的任何胜利都可能带来不利的后果。因此，大学生的道德教育应包含对这种复杂关系的理解，使他们在享受自然资源时，也能考虑到对环境的保护和对未来世代的责任。

在具体实践中，大学生可以通过参与环境保护项目、推广可持续生活方式等活动来实践他们的环境道德观。通过这些活动，他们不仅能够对自然产生更深的理解和尊重，也能在实际行动中体现道德自觉。

最后，大学生在形成与自然的道德关系时，应追求的是一种和谐、健康、可持续的关系。这不仅需要他们自身的努力，也需要社会各界的支持和合作，共同为实现人与自然的和谐共生创造条件。在这一过程中，大学生的角色是至关重要的，他们的行为和选择将直接影响未来社会与自然的关系。

第三节　当代大学生价值观的特点分析

一、大学生原则性道德价值观状况

本书探讨了六个方面的道德价值取向——利他—自私、个体—集体、爱国主义、道德与利益、道德与生命、道德与幸福——以了解大学生的原则性道德价值观和对抽象道德的综合评价。

（一）利他状况良好，但存在部分利己现象

大学生普遍展现出良好的利他精神，但仍有自私倾向。利他与自私是道德精神的两端，无私利他代表道德的最高原则，而单纯的利己则视为最低。通过对大学生在紧急情况下的道德选择分析，发现83.43%的学生认为教师抛弃学生的行为不道德。调查也发现，在"亏了自己幸福他人"的观点上，60.77%的学生表示支持，但也有一部分学生持保留意见或反对。[①]

此外，性别、学历、学生干部经历等因素也会对学生的道德判断产生显著影响。例如，女性和有志愿服务经历的学生更倾向于谴责自私行为。然而，涉及个人利益时，即便是通常反对自私的学生，也可能在行为上表现出矛盾，显示出对自身行为的宽容。

---

① 陈永华，李新安. 增强高校辅导员网络时代的舆情应对能力及策略 [J]. 高校辅导员，2013，000（006）：P. 57—60.

研究结果表明，虽然大多数大学生倾向于牺牲个人利益以帮助他人，但个人成长背景和社会环境对此影响深远，促使一些学生在面对利益冲突时保护自己的利益。不同的教育和社会活动经历显著影响学生的道德取向，突出了道德教育在形成支持性社会氛围中的重要性。

（二）集体主义价值观仍旧占据主流

在道德领域，协调个体与集体的关系至关重要，这有助于维护社会秩序。中国历来强调集体利益优先于个体利益的道德价值观。集体主义是调节个体与社会整体关系的一种思想和行为准则，强调在个人利益和集体利益之间做出选择的重要性。与此相对，西方社会则更强调个人权益，这种差异在道德决策时尤为明显。

调查显示，面对个人利益和集体利益的冲突，大约70%的大学生倾向于选择集体利益，其中有6%的学生表示会无条件支持集体利益。这表明，多数大学生持有较强的集体主义观念。然而，还有不少学生在个人与集体利益之间感到矛盾，14.67%的学生倾向于首先考虑个人利益，0.57%的学生则完全关注个人利益。[①]

此外，大学生在职业规划方面的调查也反映了个体与集体利益的考量。多数学生更关注薪资福利、事业成就等个人利益因素，对国家和社会需要的考虑相对较少。这种倾向显示出一定程度的个人主义，这也说明在职业选择时，学生需要平衡个人利益与集体利益。

政治面貌和学生干部经历对学生的选择有显著影响。中共党员和担任过学生干部的大学生在面对个人利益与集体利益的冲突时更倾向于优先考虑集体利益。这些数据表明，政治认同和领导经验能够加强学生的集体主义倾向。

总结来说，虽然当前社会中存在着个人主义的影响，但在中国，集体主义仍然是强有力的价值观，特别是在有政治或领导经验的学生中更为明显。这种集体主义价值观有助于促进社会的整体和谐，但同时也需要在现代化进程中不断调整和平衡个体与集体的关系，确保每个个体的发展同时促进社会整体的进步。

（三）爱国主义情怀浓厚，但部分大学生入党动机多样化

爱国主义情怀对于国家的发展至关重要，特别是在面对历史和现实的挑战时。中

---

① 顾苑露. 大学生" 精致的利己主义" 现象探析［J］. 理论观察, 2019（12）: 41-44.

国大学生普遍持有浓厚的爱国情怀，近95%的学生认同"国家兴亡、匹夫有责"的观点，表明他们深刻理解个人命运与国家命运的密切联系。然而，大学生入党动机的多样性也反映了一些复杂的社会现象。

调查结果显示，大多数希望加入中国共产党的大学生是出于追求理想信念（58.48%），这表明许多学生对党的宗旨和目标持积极认同态度。然而，还有一部分学生的入党动机可能带有利己的成分，如增强就业竞争力（11.52%）、寻求政治荣誉感（9.71%）和谋求仕途发展（4.86%）。这些数据指出，尽管大部分学生入党动机正当，但也有部分学生可能更多是出于个人利益的考虑。[①]

不同背景的大学生在入党动机上表现出显著差异。例如，中共党员、担任过学生干部和参加过志愿服务的学生更倾向于以追求理想信念为入党动机，这可能与这些学生更积极参与社会责任和公共事务有关。此外，共青团员和普通群众中，追求理想信念的比例逐渐降低，而考虑个人利益的比例相对较高。

总的来看，大学生的爱国主义情怀和入党动机的状况反映了当代中国青年的复杂心态和多样化价值观。在培养具有社会责任感和爱国情怀的同时，也需要警惕那些可能出于不纯动机而加入党组织的个案。这要求高校和社会更多关注青年的价值引导，确保他们能够在正确的价值观指导下，为社会和国家的发展作出积极贡献。

（四）能清晰认识道德与生命、利益、幸福的关系

在探讨道德与生命、利益、幸福的关系中，大多数大学生展现出了成熟的道德判断。研究数据揭示，大部分学生在面对生命威胁时认为保护生命比维持道德底线更重要，有超过80%的学生不认为银行职员在危机时交出钥匙是懦弱的表现。这反映了大学生在"道德与生命"问题上倾向于珍视生命。

在"道德与利益"的关系上，调查显示有较大比例的学生认为道德重要性高于金钱。尽管还有一小部分学生认为金钱更为重要，但超过65%的学生不认同金钱是社会中最重要的通行证，这表明大多数学生持有较为正面的价值观。

关于"道德与幸福"的关系，大多数学生相信道德行为与幸福感之间存在正相关，超过70%的学生赞同有道德的人也是幸福的人。然而，也有一定比例的学生对此

---

① 谈庆娟，丘文辉."00后"大学生入党意愿和动机的调查研究［J］.智库时代，2022（16）：20-23.

持怀疑态度或不认同，这显示出学生对于道德与幸福关系的多元看法。

　　总的来看，这些数据表明虽然大部分大学生能够正确理解道德与生命、利益、幸福之间的关系，但仍有部分学生在某些道德问题上存在疑虑，这可能与个人经验、教育背景和社会环境有关。这些发现对于高校在道德教育和价值观塑造方面提供了重要的参考。

二、大学生范畴性道德价值观状况

　　在中国的伦理思想历程中，道德发展的概念可通过五个关键词来概括："天""道""人""心""物"。这些词汇代表了不同阶段和层面的哲学思考。这个观点综合揭示了道德的多元起源和复杂性，其中"天"的观点虽然在现代社会中可能受到质疑，但其他四个角度都在不同程度上为理解道德提供了合理性的解释。这些理解有助于形成一个更为全面的道德观，并促进我们对大学生道德发展的相关因素——如同情心、道德敏感性、道德羞耻感——的研究。通过探索这些心理和社会因素，我们可以更好地评估和促进大学生的道德价值观。

（一）具备深厚的道德同情心

　　亚当·斯密在《道德情操论》中提出的同情心观点，强调了同情或怜悯在道德行为中的核心地位。[①] 他认为，即使在人们普遍被认为自私的社会中，人们仍然内在地关心他人的福祉，并将他人的幸福视为自己的事情。这种本性表明，同情心是人类最基本的道德驱动力。

　　在提到的调查中，大多数大学生在面对虐待动物的图片时表现出明显的同情心。具体数据显示，大部分学生对虐待小生命的行为感到不忍，其中93.62%的学生选择了反对虐待动物的选项。这证明了大多数大学生具有强烈的同情心和道德感。

　　然而，调查也揭示了同情心在不同群体中的变化。例如，性别和是否参与志愿服务等因素都显著影响学生对虐待动物的态度。女性大学生和参与过志愿服务的学生更可能表达对小生命的同情，这可能与她们较高的情感敏感度和社会责任感有关。

　　这强调了培养同情心的重要性，因为它不仅关系到个人的道德发展，也关系到整

---

① 张文.《情感 秩序 美德——亚当·斯密的伦理学世界》[J]. 中国经济问题, 2007（03）：39.

个社会的道德健康。大学作为教育和培养未来社会成员的重要场所，有责任加强道德教育，特别是在提升学生的道德同情心方面。通过参与社会服务活动、增加人文社科课程和组织道德讨论等方式，可以有效促进学生的同情心和整体道德素质的提升。

（二）具备较强的道德敏感性

道德敏感性是一种关键的心理特征，它让人们能够敏锐地察觉到一个情境中的道德含义，对道德问题进行判断，并做出相应的反应。这种敏感性不仅关系到个人的道德行为，还对社会整体的道德氛围产生影响。

在提到的调查中，大部分大学生对于在具有重大历史意义的地点不适当行为表现出了高度的道德敏感性。例如，在旅顺博物馆门口跳日本宅舞的情境中，大多数学生认为这种行为是不妥当的，其中79.71%的学生觉得这种行为"太过分了，对民族的苦难视而不见"。这显示出学生们能够将历史苦难和当前行为联系起来，并对不敬的行为做出道德上的判断。

同时，调查也揭示了性别和是否参与志愿服务等因素对道德敏感性的影响。女性和参与过志愿服务的学生在这种情境下显示出更高的道德敏感性。这可能是因为这些群体在经历或教育中更多地接触到了关于同理心和社会责任的训练。

这些数据表明，教育在提升道德敏感性方面扮演着重要角色。因此，学校和教育者应当重视在日常教育中加强道德敏感性的培养，如通过课程设置、情景模拟、历史教育以及社会实践活动等方式，帮助学生形成正确的道德判断能力，增强其对道德问题的敏感性。这不仅有助于个人成长，也是营造和谐社会环境的基础。

（三）具备道德羞耻感

道德羞耻感是人们在违反了社会或个人道德标准时所经历的负面情绪体验，这种感觉通常与自我评价和他人评价相关联。它是社会和文化对个体行为的一种内化的约束力量，起到规范个体行为的作用。在中国文化中，道德羞耻感被特别强调，作为一种重要的社会和道德调节机制。

在提及的调查中，绝大多数大学生在面临作弊被发现的情境时，显示出了显著的道德羞耻感。具体来说，44.67%的学生感到"很羞耻"，认为这种行为会影响他们未来的人际关系和社会地位。这种强烈的反应显示了道德羞耻感在维持社会规范和个人品德中的作用。

此外，这种羞耻感在不同的学历层次、专业类别和政治面貌的学生中表现出显著差异。例如，研究生和理科生表现出更高的羞耻感，这可能与他们所受的教育水平和对科学道德的强调有关。中共党员也显示出较高的羞耻感，这可能与其政治身份和道德标准有关。

从这些数据可以看出，道德教育和社会环境在塑造个体的道德羞耻感中发挥着重要作用。因此，学校和社会应当加强道德教育，特别是对于年轻人，通过课程、讨论和模拟情境等手段来培养和加强这种情感，从而促进一个更加道德和谐的社会环境。

三、大学生规范性道德价值观状况

规范性道德价值观是指个体在社会、职业、家庭及个人行为上应当遵守的道德标准和规范，这些价值观不仅受到道德原则的指导，也基于个体所属社会的道德分类。为深入了解大学生的规范性道德价值观，本研究根据《新时代公民道德建设实施纲要》的框架，从四个关键领域展开分析：社会公德、学业道德、婚恋与家庭美德以及个人品德。

（一）大学生社会公德价值观状况

社会公德建设，作为马克思主义道德观中的核心组成部分，强调在新时代下满足人民对优质道德生活的追求。随着互联网的快速发展，社会公德的影响力和应用范围已经从传统的公共空间拓展到了网络空间，它不仅在实际生活中维护公共秩序，还在虚拟空间中调和人与人、人与社会以及人与自然的关系。

在现实公共空间中，社会公德体现在日常行为的规范中，如公共场所的文明礼仪、遵守交通规则、公共资源的合理使用等，这些都是维护社会和谐与秩序的基本要求。例如，在公共交通工具上给老弱病残孕让座、在公共场所保持环境整洁等，都是公共道德的具体表现。

在网络空间中，社会公德的体现尤为重要。网络虽然是一个虚拟的空间，但其影响和覆盖面极广，网络言行的道德规范同样关乎社会风气和道德秩序。例如，恪守网络礼仪、尊重网络隐私、反对网络暴力、不传播不实信息等，都是网络环境中社会公德的重要组成部分。

1. 大多数大学生对"助人为乐"表示认同且践行意愿强

大多数大学生对"助人为乐"持积极态度，93.23%的学生表示支持"帮助别人是一种快乐"的观点，显示出他们的高道德认同和行为意愿。在具体行动上，59.43%的学生表示在见到老人跌倒时会主动帮助，这反映了他们的高道德实践能力和社会责任感。然而，也有小部分学生在道德行为上表现出犹豫或消极态度，如4.57%的学生选择"装作没看见"，表明他们对于道德行为的参与还存在障碍。

此外，担任过学生干部和参加过志愿服务的大学生在道德认同和行动上表现更为积极。例如，担任过学生干部的学生中有61.04%表示会主动帮助跌倒的老人，相比之下未担任过的比例为42.57%，显示了领导经验和社会参与对培养高道德标准的正面影响。

这些数据揭示了大学生中普遍存在的高道德观念和行为意愿，同时也凸显了通过正面社会活动加强道德教育的重要性。教育机构应进一步鼓励和支持学生参与社会实践，如学生干部经历和志愿服务经历等，以此加强其道德感和社会责任感的培养。通过这样的教育和实践活动，可以有效提高学生的道德标准，促进一个更加和谐与富有同情心的社会环境的形成。

2. 大多数大学生赞同网络空间同样需要遵守规则

在网络环境中，大多数大学生坚持认为网络空间同样需要遵守规则，以维护网络秩序和公正。调查数据表明，93.43%的大学生赞同"网络不是法外之地，需谨言慎行"的观点，其中74%的大学生对此表示"非常赞同"。这说明大学生群体普遍认识到网络行为也应受到法律法规的约束，体现出他们的高度责任感和道德意识。

尽管如此，也存在一小部分学生对网络道德持模糊态度或反对意见，比如4.85%的学生表示"说不清楚"，1.72%的学生不赞同网络是遵法环境。这种态度可能导致网络负面行为，如网络暴力和诈骗，从而对网络环境的整体健康造成威胁。

进一步的数据分析显示，不同专业的学生在网络道德认同上存在显著差异。工科学生在认同"网络不是法外之地，需谨言慎行"的比例最高，达到78.47%，而理科学生的相应比例最低，为66.78%。此外，担任过学生干部的学生对网络道德的认同度更高，可能因为这些学生具有更多的组织和领导经验，对规则的遵守和社会责任感有更深刻的理解。

这些发现强调了高等教育机构在培养学生网络道德意识和行为规范上的重要作用。学校和教育者应继续通过教育和引导，加强学生在网络环境中的法律法规意识，促使学生在享受网络便利的同时，能够自觉遵守网络道德，维护网络环境的公正与健康。

（二）大学生学业道德价值观状况

校园内部的学术环境对大学生的道德和职业发展至关重要。通过问卷调查，本研究旨在深入了解大学生对学术诚信的态度，特别是对考试诚信、学术抄袭和数据篡改等行为的看法，以及他们在日常学习和研究中的诚信表现。

首先，调查大学生对于周围同学的诚信状况的观察。这包括他们是否感知到同学们在考试、作业和学术研究中遵守学术诚信原则。此问题的回答可以揭示出学术不端行为在校园中的普遍程度，以及大学生对此类行为的容忍度。

其次，本问卷还探讨了大学生对同学考试作弊、抄袭论文或篡改研究数据等不诚信行为的看法。这些问题的回答有助于了解学生对于学术诚信重要性的认识和他们愿意维护这些标准的程度。

通过这两个方面的调查，研究期望揭示大学生在学业道德价值观方面的实际状况和潜在问题，为高等教育机构在强化学术诚信政策和教育实践提供数据支持和策略建议。

1. 多数大学生认为周围大多数人的诚信情况较好

从调查数据来看，大部分大学生对于校园内的诚信环境持积极肯定的态度。59.71%的学生认为"绝大多数人讲诚信"，这表明诚信仍然是校园文化的核心。然而，33.33%的学生认为"能够始终坚持诚实守信的人不多"，表明还有改进空间，特别是在增强学生之间的互信和正直行为方面。

这一数据反映了大学生对于道德和诚信问题的敏感性及其在校园社交活动中的重要性。学校应当加强学术诚信的教育，强化学生的诚信意识，尤其是在学术研究和考试中的应用。

进一步的交叉分析显示，担任过学生干部的学生在诚信问题上表现出更高的信任感，这可能是因为他们更频繁参与校园组织和活动，从而更能感受到诚信的重要性和周围同伴的正直行为。这也提示学校可以通过鼓励学生参与更多的学校治理和社会实践活动来培养其诚信感。

校园环境中的诚信建设不仅关乎个体的行为，更是构建和谐社会的基石。因此，学校需要继续努力提升学生的诚信教育水平，创建一个更加透明和信任的学术环境。

2. 大多数大学生对身边同学考试作弊、论文抄袭等行为较为宽容

数据揭示了大学生对周围同学在学术不诚信行为上表现出的态度，其中近一半的大学生（47.9%）表示能理解但自己不会作弊或抄袭。这种态度反映出虽然个人坚持诚信，但对他人的不诚信行为持宽容看法。此外，15.9%的大学生承认自己偶尔也会参与不诚信的行为，这进一步凸显了学术不诚信问题的普遍性和复杂性。

这种对学术不诚信行为的宽容态度可能对校园文化造成负面影响，因为它可能降低学术诚信的标准，并促使更多学生认为作弊和抄袭是可以接受的。学术机构需要采取措施，不仅加强对学术诚信的教育，同时也需要通过制定严格的规章制度来抑制这种行为。

交叉分析显示，政治面貌、是否担任过学生干部、是否参加过志愿服务和是否获得过奖学金的学生在对学术不诚信行为的态度上存在显著差异。例如，是中共党员和担任过学生干部的学生更倾向于坚持学术诚信，而未参与这些活动的学生在理解但不参与作弊或抄袭的比例上较低。这可能表明参与学校管理和志愿服务的学生更能理解和重视诚信的重要性。

总体而言，这些数据强调了校园内加强学术诚信教育的必要性，特别是在提高学生对学术诚信重要性认识的同时，还需要通过实际行动来落实和维护学术诚信的标准。

（三）学生婚恋观与家庭美德价值观状况

在探讨大学生的家庭美德价值观时，您提出的问题覆盖了对现代家庭生活中道德规范的认知、孝顺的实际行为以及婚恋观念的态度。这些方面不仅揭示了大学生在家庭角色中的表现，也反映了他们在社会变迁中如何平衡传统与现代价值观。

（1）现代家庭生活中的道德规范：这个问题有助于了解大学生认为家庭中最应该坚持的价值是什么，比如尊老爱幼、勤俭持家等。这些传统美德是否仍然被视为家庭生活中的重要组成部分，或者现代价值观如平等和个人自由是否开始占据主导地位。

（2）尽孝的现代表现：对于大学生而言，孝顺的具体做法可能与传统观念有所不同。除了经济支持外，情感关怀、陪伴长辈以及在决策中考虑长辈的意见也可能是他们表达孝顺的方式。这可以帮助揭示年轻一代如何在快节奏的现代生活中实践孝道。

（3）婚恋观念的态度：这包括大学生对婚前性行为的看法以及是否认同"谈恋爱必须以结婚为目的"。这些问题反映了他们如何看待婚恋关系的严肃性和承诺，以及他们对性别角色和婚恋自由的态度。

通过这些问题，我们能更深入地理解大学生在家庭与个人关系中的道德取向，以及他们在继承和创新传统家庭美德方面所做的努力。这些洞察也能帮助社会各界更好地支持年轻一代在现代社会中健康成长。

1. 大多数大学生认为现代家庭生活中最需要坚持的道德规范是"男女平等"

调查结果揭示了大学生在现代家庭生活中对不同道德规范的重视程度，显示了他们的价值观如何反映了社会变革和文化传承的结合。大学生将"男女平等"和"尊老爱幼"视为最重要的家庭美德，这不仅体现了性别平等的现代价值观在年轻一代中的普及，也显示了传统孝道文化的持续影响力。

（1）男女平等：高比例的选择反映出当代大学生对性别平等的高度认可。这可能与近年来社会对性别平等问题的广泛讨论和教育有关，尤其是在教育环境中不断强调性别平等的重要性。

（2）尊老爱幼：虽然现代社会中许多传统观念正在逐步改变，但"尊老爱幼"作为一种深植于中华文化的传统美德，仍然受到大学生的重视，表明传统价值观在现代社会中依然扮演着重要角色。

（3）勤俭持家与夫妻和睦：这些选择反映了家庭稳定和勤俭节约在大学生中的重要性。勤俭持家体现了对资源的合理管理和经济独立的重视，而夫妻和睦则突出了家庭关系的和谐对家庭幸福的贡献。

（4）邻里团结：排名较后可能显示出现代城市化进程中社区联系的弱化，或是反映了当代年轻人在高度移动和数字化的生活环境中，对传统邻里关系的关注较少。

这些发现对于教育者和政策制定者来说是有价值的，它们提供了关于如何在高等教育中进一步强化这些价值观的洞见，尤其是在增强家庭道德教育和促进性别平等方面。

2. 大多数大学生认为现代尽孝最应该"事业成就，回报父母"

这项调查结果揭示了现代大学生对尽孝方式的看法，其中大多数学生认为通过事业成功来回报父母是最佳的尽孝方式。这种观点不仅反映了年轻一代在追求个人成就的同时，也希望能通过经济和社会地位的提升来为家庭带来实质性的帮助和改善。以下是对调查结果的具体分析。

（1）事业成功，回报父母（59.52%）：这一选择居首位，显示出大学生认为通过个人的努力和成功来实现对父母的回报是尽孝的主要方式。这可能是因为经济安全和成功在现代社会被高度重视，并被视为支持家庭和实现个人价值的重要手段。

（2）敬重长辈（18.86%）和赡养老人（17.05%）：这两种方式更传统，强调了对长辈的直接关照和尊敬。尽管在数字上不及事业成功，但这显示出传统孝道文化的持久影响，即重视老人的福祉和对他们的尊重。

（3）顺从长辈意愿（3.33%）和追念先祖（0.57%）：这些选择的比例较低，可能反映了传统的孝道观念在现代社会中的逐渐变化，特别是在强调个人自主与现代生活方式的背景下。

（4）其他（0.67%）：这一选项包含了"多陪伴、关心""不给老人增加负担"等更具体的行为方式，虽然比例不高，但体现了大学生在尽孝行为上的多样性和个性化需求。

从整体上看，大学生的尽孝观念反映了传统与现代价值观的结合，以及在尽孝方式上的适应性和理性选择。这些观点和行为为理解当前青年一代的家庭价值观提供了宝贵的视角，并对如何在高等教育中加强家庭美德的教育提供了参考。

3. 大多数大学生拥有较为开放的恋爱道德价值观

调查结果表明，关于"谈恋爱必须以结婚为目的"的观点，在大学生中存在一定的分歧。约四成的学生赞同这一观点，而大约三成多的学生表示不赞同，还有两成左右的学生对此持模糊态度。这种分歧可能反映了现代社会对恋爱自由和婚姻观念的多元化。

（1）赞同观点（43.72%）：这一比例表明，尽管现代社会在恋爱关系中提倡自由和选择权，但仍有相当一部分大学生认为恋爱应当以结婚为最终目标，这可能与传统的家庭和社会价值观相关。

（2）不赞同观点（36.09%）：这部分学生可能认为恋爱是个人情感的自然表达，不必然要以结婚为前提，这反映了现代观念中个人选择和情感自由的增加。

（3）态度模糊（20.19%）：这表明还有不少学生对恋爱和婚姻的联系持开放态

度，可能认为这取决于个人情况和具体关系的发展。

此外，就大学生对婚前性行为的态度而言，结果显示大多数学生对此持开放态度，尽管一部分学生仍认为这是不道德的行为。这种态度的分布也体现了文化观念的转变和对个人隐私权的尊重。

（1）支持个人隐私（39.33%）：这是最多大学生选择的选项，说明许多学生认为婚前性行为属于个人隐私范畴，不应受到外界评价。

（2）真心相爱就可以（30.38%）：这反映了较为浪漫和个人情感导向的观点，认为只要双方真心相爱，他们的选择应受到尊重。

（3）不道德但可以理解（13.43%）：这部分学生虽然个人不会选择，但对他人的选择表示理解，体现了一种宽容的态度。

这些数据揭示了现代大学生在恋爱自由和性观念方面的多样性和复杂性。通过不同背景（如政治面貌、是否为学生干部）的分析，可以进一步理解这些态度的形成和影响因素。这种多元化的观念和态度可能对未来的社会政策和文化发展有重要影响。

（四）大学生个人品德价值观状况

这段内容涉及了《新时代公民道德建设实施纲要》及其对个人品德强调的重要性。在新时代背景下，个人品德不仅是社会主义道德体系的一部分，也是塑造良好社会环境的基础。通过对大学生个人品德的调查，可以更深入地了解他们如何看待并实践这些道德要求。

调查中包括的问题如"您是否将'做一个品德完善的人'作为自己的人生重要目标"和"您认为当代大学生最需要具备的德性是什么"，直接考察了大学生的品德目标及其对理想德性的看法。这些问题不仅有助于评估大学生的个人品德建设情况，还能反映他们对于社会主义核心价值观的接受程度和实践情况。

"您是如何看待'躺平'现象的"这一问题则探讨了大学生对于社会现象的态度，这种现象可能反映了年轻人在当前社会经济压力下的无力感或抵抗精神。而"您对'学习成绩再好，也不如人脉关系重要'的看法是什么"则涉及了学业成就与社会网络的重要性对比，这也是检验大学生价值观是否平衡的一个重要方面。

通过这样的调查，可以得出大学生在个人品德、社会责任感以及对待现代社会问题的态度等方面的综合画像，这对于教育机构和政策制定者来说，提供了重要的参考数据，帮助他们更好地理解和指导年轻一代的道德教育和个人成长。

1. 大多数大学生想要成为一个品德完善的人

这一调查结果显示，绝大多数大学生（68.86%）确实把"做一个品德完善的人"视为自己的人生重要目标，这反映出大学生中普遍存在的高道德意识。然而，有一部分大学生对这一目标的持续追求并不坚定，21.43%的大学生认为这只是偶尔的目标，而3.62%的学生甚至明确表示这不是他们的目标。

这种差异可能源于个人价值观的差异、成长环境、教育水平和社会经验等多种因素的影响。例如，不同的性别和学历层次在个人品德目标的追求上存在显著差异，数据表明男大学生和专科生更倾向于将"做一个品德完善的人"作为自己的人生目标。这可能与社会对不同性别和教育背景的期待有关。

这一发现强调了高等教育机构在培育学生个人品德方面的责任，尤其是在帮助学生建立和维持高尚的个人品德目标方面。学校和教育者需要设计和实施更有效的教育策略，以促进学生品德的全面发展，并确保这些价值观能够被学生内化为终身追求，为社会培养出有责任感和高尚道德的人才。同时，这也提示我们，对于那些在个人品德方面表现出疏漏或不重视的学生，学校应通过辅导和教育，帮助他们认识到品德的重要性，引导他们正确认识并实践社会主义核心价值观。

2. 大多数大学生认为"责任心"是自身最需要具备的德行

这项调查揭示了大学生对自身应具备的德行有着清晰的认识和优先级排序。责任心以超过半数的选择比例（57.62%）遥遥领先，凸显了大学生群体在成长过程中高度重视责任心。责任心通常与个人在学习、职场及社会活动中的可靠性和主动性相关，是一种高度受社会尊重的德行。

孝心作为中国文化中的传统美德，获得21.43%的选择，反映出中国大学生依然承认和重视传统价值观在现代生活中的重要性。孝心不仅仅是对长辈的尊敬和照顾，也是个人品德的体现。

诚心和爱心的选择比例也显示了大学生在人际关系和社会互动中所看重的品质。诚心代表的是真诚和诚实，是人际交往中建立信任的基石；而爱心则体现了对周围人的关爱和支持。

值得注意的是，公心所占比例最低，这可能反映了大学生对于服务社会、公共利益较少的直接接触和认识。在学校环境中，学生可能更多地关注个人发展和近距离社交圈的互动，而对于更广泛的社会责任和公共服务有限的感知。

总的来说，这一调查结果强调了大学生在道德修养方面的自我期望，同时也提示高等教育机构在培养全面发展的学生时，不仅要重视学术和职业技能的培养，也应加强对学生社会责任感、公共精神和传统美德的教育。这种教育将帮助他们成为能在社会上发挥积极影响的成年人。

3. 大多数大学生对"躺平"现象持较为宽容的态度，但更看重自身努力

这部分调查着重于两个方面：大学生对"躺平"现象的看法以及他们对"学习成绩再好，也不如人脉关系重要"这一观点的态度。这些数据反映了大学生在自我道德价值观方面的具体态度。

首先，对于"躺平"现象，调查显示绝大多数大学生（约70%）持有宽容或理解的态度。这可能是因为许多学生认识到在高压的学习和生活环境中，偶尔的放松和休息是必要的，而非完全地放弃或逃避责任。然而，20.29%的大学生表示"很反对"，认为这是一种极消极的生活方式，这表明一部分学生仍然秉持传统的价值观和自强不息的精神。

在另一方面，大多数大学生（71.15%）不赞同"学习成绩再好，也不如人脉关系重要"这一观点，这说明大部分学生仍然重视个人努力和成就的价值。尽管社会网络和人脉关系在职场成功中扮演着重要角色，但大多数大学生认为这不能取代个人的努力和能力。

这些结果表明，虽然当前社会环境复杂多变，大学生普遍认为自身努力是成功的关键因素，并且对逃避责任和挑战的态度持批评立场。教育机构和社会应当继续强调自我提升和努力的重要性，同时也理解和支持学生在压力下寻找合理的放松和调整方法。

此外，这些调查结果也揭示了学历层次、专业类别和学生干部经历对大学生观念有一定的影响，表明不同背景的学生对这些问题的看法存在差异，这为高等教育策略提供了重要的参考信息。

第三章　德育教育中的关键影响因素

在全球教育领域，德育教育始终占据核心地位，其目的在于培养学生的道德观念和行为规范。然而，德育教育的效果受到多种因素的影响，这些因素包括但不限于文化背景、社会环境、家庭影响、教育政策和技术进步等。本书将深入探讨这些关键因素如何塑造德育教育的实施和效果，以及教育机构和教育者如何应对这些挑战，优化德育教育策略。通过全面分析，本书旨在提供一种更加系统和全面的视角，以理解和改进德育教育的实践，从而更好地准备让学生面对未来的伦理挑战和社会责任。

第一节　家庭影响

家庭作为社会化的基础单元，对个体的品德塑造起到了至关重要的作用。一个和谐的家庭环境不仅有助于培养健全的个性，也是社会和谐与国家活力的重要基石。然而，从现实情况来看，家庭在大学生个人品德培育过程中也面临一些挑战和限制因素，主要表现在以下三个方面：

一、家风建设面临传统与现代的转换

家风作为家庭文化的重要组成部分，反映了一个家庭的道德观念和生活态度，对家庭成员特别是年轻一代的行为习惯和价值取向具有深远的影响。党的十八大以来，习近平总书记多次强调家风建设的重要性，指出家风不仅关系到家庭的和谐与繁荣，更是国家和民族传统美德的重要承载体。习近平总书记在多个场合引用中国传统文化中的谚语和历史故事，从中提炼出家风建设的现代价值和实践意义，强调"家和万事兴"的重要性。

在具体实践中，家风的培养首先体现在父母对子女的教育上。父母是子女的第一

任老师，其言行举止和生活习惯无形中为子女树立了行为榜样。例如，如果父母诚实守信，公正无私，孩子们在日常生活中观察和模仿这些行为，也会逐渐内化这样的品质。相反，如果父母经常撒谎或者做出不道德的行为，子女也可能学习这些不良行为。此外，家风还通过家庭日常的互动和家庭成员之间的相互关系来传承。在一个和谐的家庭环境中，常常强调尊老爱幼、男女平等、家庭团结等价值观。家庭成员在这样的环境中生活，往往能够形成健康的心理状态和积极的生活态度。这种良好的家风对社会风气的形成也有积极的推动作用，因为家庭是社会的基本细胞，一个个健康向上的家庭最终会形成健康向上的社会。因此，家风的建设不仅仅是一个家庭的私事，而且是广泛影响社会稳定和谐与民族未来的重要因素。家长们应该意识到自己在家风传承中的关键角色，通过自身的言行为孩子树立正确的道德标杆，同时通过家庭教育来强化这些价值观，确保家风的正向传承，为社会培养出更多有责任感、有道德感的新一代。

中华民族的家庭教育传统深植于我们的文化中，重视家庭和亲情，同时也强调传承优良的祖训和家规。然而，随着社会经济的快速发展和文化变迁，一些家庭在家庭教育中逐渐偏离了这一传统，更多地关注子女的学业成就而忽略了对传统习俗的传授。这种变化反映出当代家庭教育中的一个明显趋势：对成绩的重视超过了对传统文化素养的培养。家长对子女学业的严格要求远超于传统习俗的教育。这种现象说明，尽管家长认识到传统文化的重要性，但在实际教育过程中，可能由于现代教育体制的压力或是对成绩导向的误解，导致他们未能平衡好学术成就与传统文化教育的关系。这种偏差不仅影响了传统文化的连续性，也可能削弱了孩子们在道德素养和人文素养方面的发展。此外，一些家庭在传统家风的传承上存在断层，部分原因可能是父母本身的道德素质和对传统价值观的理解不足。在个人成长过程中形成的错误价值观和行为习惯，如果未经反思和纠正，很容易转化为家庭教育中的不良影响。这种扭曲的家风不仅影响子女的个性和道德发展，还可能导致子女在未来的社会交往中面临挑战。

解决这些问题的关键在于重视并重新激活传统家教的作用。家长应意识到，优秀的传统文化是家庭教育的重要资源，它能帮助孩子建立正确的世界观、人生观和价值观。此外，社会机构和教育机构也应发挥作用，通过课程设置和社会活动，促进传统文化的普及和传承。通过这些措施，可以帮助家庭建立一个更加均衡和全面的教育环境，不仅促进孩子的学业发展，也培养他们的道德感和对传统文化的尊重。

党和国家历来重视党员、干部的家风建设，这是因为家风不仅是家庭成员间相互关系和行为方式的体现，也是个人道德品质和公共道德的重要基础。一方面，党员、干部的廉洁自律，可以发挥道德模范的作用，通过党风带动民风社风。这种影响力是双向的：优良的家风可以增强个人的社会责任感和道德行为规范，反过来，社会风气的改善又会进一步促进家风的优化。另一方面，在社会主义市场经济条件下，经济快速发展和市场经济的多元化对传统价值观和道德观念带来了前所未有的冲击。社会主义新型家风的构建尚未形成一个稳固的体系，这就需要我们不仅继承和发扬中华民族的优良传统家风，还要创造性地转化和发展这些传统，使其适应现代社会的发展需求。为此，建立一个长效机制和深入探索其内在机理显得尤为重要。进一步完善这些机制，需要从理论和实践两个层面进行深入研究。理论层面上，应当通过研究中国传统家庭道德教育的核心价值，结合当代中国社会的实际情况，提出适应新时代的家风建设的理论模型。实践层面上，应该推广家庭道德建设的成功案例，通过教育、媒体等多种渠道，增强公众特别是青少年对优良家风的认识和践行，同时，通过立法和政策引导，为家风建设提供外部支持和保障，确保家庭在传承和创新中发挥其基础作用，促进社会主义核心价值观在家庭中的落地生根。

二、家庭教育在内容上呈现一定的道德张力

家庭教育的影响深远，尤其在品德教育方面。正如《中华人民共和国家庭教育促进法》第三条所指出的，立德树人是家庭教育的根本任务。这项法律的颁布与实施，旨在通过法律框架内的指导与支持，强调和促进家庭在孩子的道德与人格发展中的首要角色，从而构建社会整体的道德结构。家庭作为孩子的"第一所学校"，父母的教导成为孩子品德形成的"第一课堂"。这种教育不仅仅局限于传授知识，更关键的是通过日常的交往和行为示范，塑造孩子的人格和价值观。父母通过示范和教导，如遵守社会礼仪、展现礼貌、尊重他人、勤奋与节俭的生活态度、守信用、乐于分享和奉献，以及其他诸如团结协作和爱国情感等，都在无形中教育孩子，培养其成为社会有用的人。这些行为不仅仅是教育的内容，更是每个家庭成员应遵循的生活方式。习近平总书记的言论强调了家庭教育的核心位置，指出"有什么样的家教，就有什么样的人"。这句话深刻揭示了家庭教育对个体发展的决定性影响。因此，家庭的每一位成员，特别是父母，都承担着通过个人的言行为孩子树立正确的道德标杆的责任。这种

教育方式不是单方面的传授，而是通过一种共生共长的环境，让孩子在观察、模仿和实践中学习如何成为一个品德高尚的人。总之，家庭教育的核心在于通过日常的生活细节和互动模式，形成一种正向的、积极的教育氛围，从而确保孩子能在道德和人格上健康成长。社会各界包括学校和社会组织应与家庭形成合力，共同推动孩子的全面发展，确保他们能够在不断变化的世界中，拥有坚实的道德基础和人格力量。

个别家庭在教育子女时，确实存在忽视全面、均衡道德教育的问题。一些父母可能出于对子女未来成功的强烈愿望，过分强调竞争意识、功利意识和个体意识，而忽略了培养子女的团队精神、谦逊和合作性格。这种教育方式虽然可能在短期内看似有效，却可能导致子女在人际交往和社会融入中遇到障碍。长期来看，这种片面的价值观教育可能对孩子的全面发展产生限制。另一方面，一些父母由于自身经历的影响，可能会教导子女采取一些道德上可疑或甚至是错误的行为策略，例如强调唯利是图，或教导子女在法律的灰色地带中寻找利益，这类做法不仅不符合社会主义道德建设的要求，更可能将子女置于道德和法律的风险之中。这种教育忽视了集体利益和社会责任，与社会主义道德教育的核心价值观——服务人民、重视集体、遵守社会公德和个人品德建设——形成了鲜明对比。社会主义道德教育强调的是为人民服务的精神，倡导集体主义和社会责任感，强调个人应当在社会中扮演积极的角色，并通过公民道德、职业道德和家庭美德来促进个人的全面发展。因此，家庭教育的责任不仅仅是传授知识或技能，更重要的是要在孩子心中种下正确的价值观，教育他们成为对社会有用、有责任、有担当的人。家长们需要意识到，他们的教育方法和内容将直接影响到下一代的世界观、人生观和价值观的形成。教育应当是全面的，既要关注孩子的个人发展，也要重视他们作为社会成员的责任和义务。

"小我"与"大我"之间的道德张力不仅体现在个体与集体之间的关系上，还反映了家庭教育与学校教育、社会教育之间是否能够实现有效整合的深层次问题。在理想状态下，家庭教育应当与学校和社会教育形成互补，共同培养孩子的全面品质。然而，现实中这种教育整合往往面临多重挑战。首先，文化附着因素会显著影响道德教育的实施。不同的文化背景和传统会塑造不同的价值观和道德观，家庭所在的文化环境可能强调个人竞争和成就，而学校和社会教育则可能更注重集体利益和社会责任。这种差异可能导致孩子在不同环境中接收到的道德教育信息出现冲突，使得"小我"与"大我"的道德张力更加明显。其次，利益纠缠也是导致道德张力的重要因素。在高度市场化的社会中，利益驱动可以深刻影响人们的行为和选择，这种驱动力往往与集体利益或道德规范相冲突。家庭教育中可能会无意中强化这种以自我为中心的利益观念，从而与学校教育中推崇的公共利益和公民责任相抵触。此外，主流价值的引领和制度的保障也是调和"小我"与"大我"之间道德张力的关键。一个健全的社会应当通过法律、政策和文化活动等方式，明确道德教育的方向和目标，同时提供必要的支持和保障。只有在个体利益与集体利益可以合理平衡的社会环境中，道德教育才能实现其真正的目的，培养出既有个人追求也不失社会责任感的全面发展的人才。因此，解决"小我"与"大我"之间的道德张力，需要全社会的共同努力，通过构建全面的道德教育体系，实现家庭、学校和社会三者之间的有效衔接与互动，共同培育出符合时代要求的新一代公民。

三、家庭文明建设存在一定偏差

下一代能够健康成长，上一代能够老有所养，这些都离不开家庭文明建设的基础。对于绝大多数大学生来说，家庭文明不仅是其初步接触的文明光芒，也是塑造其价值观和人生观的重要因素。有句话说得好："国是最大的家，家是最小的国。"这意味着每个家庭不仅是社会的基本单位，也是国家的缩影。家庭文明建设包括物质文明和精神文明两个方面，这两者对于孩子的成长和成才都至关重要。然而，在具体实践中，一些家庭存在对这两者认识上的偏差。有些家庭偏重物质文明的建设，遵循古话"仓廪实而知礼节"，认为只有物质基础扎实，才能谈得上精神文明的培养。而另一些家庭虽然认识到精神文明的重要性，也强调家庭精神文明的建设，但实际行动中依然将物质看作是先决条件，认为必须在物质富足之后，才能着手精神世界的构建。这种行为的理论基础在认识论上属于机械唯物主义，在方法论上表现为形而上学的简单化处理。这种观点忽视了物质文明和精神文明的相互影响和促进作用，以及二者在孩子成长过程中的实时互动。

现实中，不少物质条件较优越的家庭，因为缺乏对孩子的正确引导和关爱，导致孩子出现性格孤僻、自卑或多疑的问题。有的学生因为缺乏父母的监管和教育，而在朋友圈子中交友不慎，沉迷于抽烟、赌博等不良习惯。更有甚者，一些学生因为缺乏父母的正确引导和关爱，面对利益的诱惑无法自制，最终可能走向盗窃、抢劫等犯罪道路。同时，也有学生因为在学校受到欺凌而没有得到家庭的适当保护和支持，进而产生自卑感，轻视生命。这些现象和案例提示我们，家庭在物质提供的同时，更不能忽视精神文明的培育。家庭文明的建设应当是全方位的，均衡地关注物质和精神两方面的发展，通过正确的家庭教育方法，培养孩子全面、健康地成长，这不仅是家庭的责任，也是社会的期望。

家庭精神文明对孩子的自信心、意志力、勇敢美德的培育具有不可估量的影响。它不仅是孩子形成道德意志的基础，也是坚守道德规范的重要保障。在孩子面对挫折或寻求力量的关键时刻，由父母构建的家庭文明能提供必要的心理支持和情感慰藉，这种影响力是深远且持久的。例如，当孩子在学校或生活中遇到困难和挑战时，一个充满爱与尊重、注重道德教育的家庭环境可以成为他们的精神避风港。家庭中的积极对话、支持和理解可以帮助孩子建立起解决问题的勇气和自信，学习如何面对生活中的挑战。然而，家庭精神文明的形成和发展不是自发的，而是需要家庭成员尤其是父母的有意识地培养和维护。父母应当通过自己的言传身教，向孩子展示如何在面对困难和诱惑时保持诚实与正直，如何通过努力和坚持来实现目标。此外，家庭精神文明的建设并不仅仅是重视道德或心理健康方面的培养，也应该注重物质条件和环境的改善。良好的物质环境可以为孩子提供必要的学习和生活资源，而精神文明的培养则为孩子的成长提供道德和情感的指引。这种物质与精神的双重保障是孩子健康成长的重要条件。因此，构建一个健康的家庭文明环境，需要父母在确保物质生活水平的同时，更加注重精神文明的建设，形成一个全面支持孩子成长的家庭环境。通过这样的方式，家庭不仅是孩子成长的摇篮，也是其道德和心理发展的坚实基石。

第二节 学校影响

学校是大学生品德塑造的核心场所和主要途径，其中道德教育的系统化、科学性、准确性都至关重要。因此，在大学生品德培养的教育过程中，学校的作用不可小觑。实证研究表明，影响学校道德教育质量的关键因素包括师德师风的塑造、教学策略的选择以及教育体系的设计。这些方面的有效实施，对于提升学生的道德水平具有决定性作用。

一、学校师德师风建设尚有待完善

学校师德师风建设的常态化和长效化是确保其成为大学生个人品德培养主阵地的关键。教师不仅是知识的传授者，更是道德的示范者，"师者，所以传道授业解惑也"，其中"道"代表世界上不断变化的根本法则，教育者应是这些法则的首要理解者与实践者。教师的责任不仅是教书，更重要的是育人，他们的一言一行都直接影响着学生的世界观、人生观和价值观。

教师的师德建设应基于明道、信道、传道、守道四个层面。首先，教师需要明确自己的教育理念（明道），对所教授的知识有深刻的理解和坚定的信念（信道），这样才能有效地传授知识（传道），并以自己的实际行动作为学生的榜样（守道）。这种教育方式能确保教育的一致性和效果，使学生在理论和实践中获得真知。

此外，教师在实际教学中的角色是多方面的：他们是知识的传播者，文化的继承者，同时也是道德的引导者和行为的规范者。在学校环境中，教师的行为和态度可以极大地影响学生的道德观和行为习惯。教师的言传与身教对学生有着深远的影响，好的师德师风可以激励学生在面对困难和挑战时展现出坚韧不拔的精神，而负面的师德表现则可能导致学生价值观的扭曲。

习近平总书记强调，教师应该"首先要明道、信道"，这不仅仅是对个人品德的要求，也是对专业能力的考验。教师的每一次课堂教学、每一次课间互动都是传递学生价值观和培养学生独立思考能力的机会。然而，现实中的一些问题，如教师对劳动价值的忽视、对思政课程重要性的认识不足，都可能削弱教育效果，使得学生在道德认知和行为选择上出现偏差。

因此，学校必须加强对师德师风的监督和建设，确保每位教师都能在教学中体现高尚的职业道德，以自身的言行促进学生全面而健康地成长。通过提升教师的职业道德标准，强化道德教育和职业道德培训，可以更好地为学生营造一个积极向上、健康成长的学习环境。

二、学校道德教育教学方法略显单一

在新时代的社会主义建设中，人才的需求异常迫切，而教师扮演着为民族复兴培养新一代的关键角色。特别是思政课教师，其在学生的道德教育中扮演着至关重要的角色。然而，作为先进文化的传递者和民族文化的守护者，一些教师的教学风格可能未能完全符合新时代的要求。这些教师往往采用较为固定和传统的教学方法，这可能会阻碍学生对知识的吸收和理解，从而影响道德教育的成效。

道德教育是学校教学的重要组成部分，思政课程在这方面已经建立了一套系统而科学的教学方法，并不断在教学实践中取得新进展。尽管如此，学校中的其他课程在道德教育方面还未能与思政课程达到同样的深度和广度，教育方法也相对单一。这一现状表明，需要进一步探索和完善各学科在道德教育方面的教学策略，以确保所有课程都能有效地贡献于学生全面的道德和人格发展。

其一，学校教育方法在增进实践经验方面尚有不足，尤其在提升大学生的社会责任感方面。当前的教育活动缺少如社会调查、参观访问和社会考察等实践活动，这些活动能够让学生直接接触社会现象，从而更好地理解和承担社会责任。同样，在培养学生的道德情操和行为习惯方面也显得力不从心。学校应通过组织志愿者服务、参与创建文明社区等实际活动，让学生在实践中学习如何关爱社会、关怀他人，从而内化为高尚的品德和良好的行为习惯。此外，当前的教学过程中还未能充分利用公益慈善、勤工俭学等形式来培养学生的劳动热情和树立正确的劳动观念。通过这些活动，学生可以体验劳动的辛苦与价值，从而培养他们对劳动的热爱和尊重。这些不足的存在，提示我们需要对现有教育方法进行反思和改进，以更好地完成对大学生道德和责任感的培养任务。

其二，缺少对学生主观能动性的激发，这一点在当前的教育体制中尤为突出。理想的教育应能够使学生将社会要求内化为自己的思想品德。要实现这一目标，关键在于提高学生的主观能动性，激发他们自我教育的自觉性和能力。这不仅能促使学生更加积极、主动、有效地参与教育活动，而且是实现德育目标的重要手段。然而，现实中的教育往往过于强调知识的输入，忽视了对学生批判性思维和独立思考能力的培养。学生在学习过程中缺少足够的机会来讨论和辩论道德问题，这限制了他们思考的深度和广度。更重要的是，这种教学方式难以激发学生进行自我反省和提升自我觉悟的动力。教育者应重新思考教学策略，引入更多的互动式、讨论式教学环节，使学生能够在学习过程中形成自我驱动的学习模式，真正达到"教育者引导、学生主动"的教育效果。

其三，学校教育缺少教育艺术，这体现在多个维度上。首先，教育内容的呈现方式往往欠缺考虑学生接受的适度性，即教育的深浅和活动的量经常没有得到适当的平衡。过量或过浅的教育内容都可能导致学生的学习动力和效果受损。其次，教育活动的时机选择很大程度上决定了教育效果的好坏。及时和恰当的教育介入可以在学生心智上产生积极的影响，而不恰当的时间点则可能让教育信息流失或引起学生的反感。此外，教育突破口的选择同样关键，教育者需要深入理解大学生的思想特点和心理状态，针对性地选择最能触动学生、最容易引起共鸣的教育切入点。

缺乏这种教育艺术性的后果是，学生可能对教育内容产生抵触，教育信息难以被有效吸收和内化。因此，教育者需不断提升自己的教育策略和技巧，更好地将教育理念转化为具体、可行的教育实践，确保教育活动能够真正达到预期的教育效果。这要求教育者不仅要精通教育理论，还要具备高度的敏感性和适应性，能够在实践中灵活应用教育原则，创造性地开展教育工作。

三、学校道德教育体制机制落实不到位

习近平总书记强调，虽然我国的高等教育经历了迅速的扩张，但质量提升的矛盾日益显著，教育侧重知识而忽视素质的问题还未得到根本解决，教风和学风的改善迫在眉睫。这些问题从根本上来说是由于学校教育理念存在偏差，尚未能将人才培养提升到为党育人、为国育才的战略高度。目前，随着新时代教育评价体系改革的逐步推进，尽管取得了一定的进展，但相关的评价机制和标准仍需进一步完善和精细化。

为了真正落实学校的道德教育体制机制，首先，必须从顶层设计入手，整合和优化现有的教育资源，确保教育评价体系与国家的长远发展目标相匹配。其次，教育部门应加强对教育政策执行的监督，确保各项政策措施得到有效执行。同时，学校应提高教师队伍的整体素质，加强师德建设，培养教师的责任感和使命感，使其成为学生学习的引路人和道德的表率。

此外，还需要构建一个开放和包容的校园文化氛围，鼓励学生积极参与社会实践，通过实践活动让学生体验和理解社会责任与个人成长的关系。通过这些综合措施的实施，可以逐步解决当前学校道德教育中存在的问题，提高教育质量，培养出更多具备良好道德素养和社会责任感的高素质人才。

尽管不少学校正在努力突破传统的"五唯"评价体系，即"唯论文、唯学历、唯

职称、唯奖项、唯项目"，但要完全实现新的教育评价体系的落地和成熟，仍需要时间。目前，这种改革的进一步细化和完善仍在进行中。然而，许多学校的教学评价体系仍然偏重科研论文和学术成就，即所谓的"唯帽子"现象，这种评价导向使得学校教育更加倾向于提升学生的科研产出和论文发表，而忽视了学生道德教育和人格培养的同等重要性。这种偏颇导致了教育内容的失衡，立德树人的核心教育任务未能得到充分体现。

事实上，这一问题的核心在于立德树人的要求尚未完全融入教育体制和机制的构建中。在中小学，教育的导向往往还是以考试分数和升学率为主；在高等教育机构，重点侧重于科研成果的产出。德育和素质教育的地位及其科学的评价体系尚未得到真正的确立和推广。

因此，若要实现教育的长远目标，学校教育体制和机制的改革必须进一步加强。需要从顶层设计着手，确立立德树人在教育中的核心地位，调整评价体系，使之更加全面地评价学生的道德素养、创新能力和实践能力。同时，加强师德师风建设，确保教师能以身作则，真正成为传道、授业、解惑的表率。只有这样，学校的教育才能真正达到培养德才兼备的社会主义建设者和接班人的目标，教书育人的使命才能得到有效推进。

第三节　社会影响

在当今时代背景下，我国社会正经历着广泛而深远的变革，社会的快速发展带来了显著的成就。这种动态的社会环境对当代大学生的价值观具有重大影响，塑造着他们的世界观、人生观和价值观。随着经济全球化的加速和信息技术的飞速发展，多元文化的交流更为频繁，互联网和数字技术已深入大学生的日常生活和学习过程中。这些因素不仅拓宽了他们的视野，也在重新定义他们的思想和行为模式。

一、西方价值观的冲击

随着社会经济全球化的深入发展，我们进入了一个自由开放的新时代，在这个时代中，我们能够迅速地交流中西文化，接触到人类历史上的众多文明和成就。西方价值观服务于西方社会，反映的是资本主义社会的利益，这与我国的社会主义核心价值观存在本质上的差异。这种文化和价值观念的差异有时会导致激烈的文化冲突。当前，西方的某些价值观，如极端个人主义、享乐主义和物质主义等已在一定程度上影响了我国大学生的生活和价值观念，对他们的思想构成了潜在的威胁。

极端个人主义是一种观念，是指个人为了实现自身的利益和目标不惜采取任何手段。这种观念在我国改革开放以来随着西方文化的流入而增强，伴随市场经济的发展而逐渐壮大，促使人们追求个人利益最大化。它主张一切以个人为中心，常常忽略他人的感受和社会责任。尽管追求个人利益是每个人的权利，但这种追求应当在遵守国家法律和社会道德的前提下进行。如果过度强调个人利益而忽视社会整体利益，这种极端的个人主义可能导致个人行为的野蛮和贪婪，甚至丧失基本人性。

当代大学生在这种文化背景下可能更容易展现自私自利的行为，认为追求个人自由和权利是理所应当的，从而可能出现自由散漫、放纵自我的行为，并对家长或教师的干预表示反感。这种行为特征在独生子女中尤为明显，他们从小在父母的溺爱中长大，习惯了以自我为中心的生活方式。西方文化的影响使得这种倾向更加明显，容易使他们倾向于极端的个人主义，而难以逆转。

受西方价值观的持续影响，一部分大学生开始表现出心态浮躁和拜金主义的倾向，过度崇拜金钱并认为金钱能解决所有问题，将其视为衡量人生意义的唯一标准，并把追求财富视为人生的终极目标。这种思维方式使得人际关系变得复杂，导致一些大学生在理性上的失衡，有时为了快速赚钱不惜走上诈骗、偷盗等非法道路。此外，拜金主义也催生了一种不劳而获的幻想，如通过购买彩票等方式快速致富，这是一种扭曲的思想和社会行为。这种金钱至上的观念对一些大学生的价值观形成造成了严重影响。在社会经济快速发展的背景下，物质的诱惑无处不在，从同学间的物质攀比到家长的金钱观念灌输，加之个人的欲望，容易让大学生形成强烈的私利意识和拜金主义。

近年来，虽然社会经济取得了显著进步，人们的物质生活水平显著提高，但在物质丰富的同时，对精神生活的追求也日益增加。当代大学生大多在父母的呵护下成长，面对困难和挑战时往往能得到父母的全力支持，生活中几乎没有经历过严重挫折。在全球化的背景下，文化交流频繁，导致不同国家的文化相互影响，共性的文化逐渐成为广泛传播的标准。西方的影视作品中奢侈的生活场景给大学生带来了强烈的视觉冲击，促使他们在日常生活中模仿电影中的角色，追求奢华的生活方式，从而形成了不健康的价值观，容易导致相互攀比和消极的人生态度，错误地将享乐视为人生的目的和意义。

二、网络信息化的覆盖

随着信息技术的飞速发展，我们已经步入了一个信息化的网络时代，这不仅创造了全新的生活环境，也让我们接触到了一个更开放和多样的世界。网络作为一种新兴的传播媒介，展现了其多面的社会功能，催生了新的社会形态，带来了不同的社会发展特征。这种迅速变化的环境对社会结构和人际关系的影响深远，改变了我们的工作方式、学习方法乃至休闲活动。对于在信息化时代长大的当代大学生而言，网络已深入他们的学习和生活，提供了广阔的交流平台，影响着他们价值观的形成。

网络不仅作为信息获取的窗口，还是知识交流的桥梁。它拥有丰富的信息资源，能够满足大学生的求知需求，帮助他们解决学习生活中的问题，成了他们获取信息、拓宽知识视野的重要途径。通过网络，学生们可以访问到世界各地的图书馆资源、科研报告和专业文章，使得学习和研究不再受地理位置的限制。此外，网络平台如在线课程和虚拟实验室提供了实用的工具，使学生能够进行远程教育和自我提升。

然而，网络信息的复杂多变和良莠不齐也带来了挑战。大学生在网上检索信息时可能遇到反动、暴力或迷信等内容，他们处理这些信息的能力还不够成熟，缺乏理性的价值判断，容易形成错误的价值观。这种环境要求他们具备更高的信息辨别能力和批判性思维，以避免被有害内容误导。

网络文化作为一种多元的世界文化，对大学生具有强大的吸引力。它提供了一个广阔的平台，供他们探索各种文化现象和社会思想。然而，网络的匿名性和无限性也可能导致他们沉迷于虚拟的网络世界，缺乏自控力，逐渐失去自我。这种过度依赖网络的生活方式不仅可能导致心理依赖，还可能影响到他们的学业和未来的职业生涯。

网络的数字化和理想化特性旨在创造一个完美的人性世界来满足人们的需求，这逐渐改变了人们的生活方式和思维习惯。通过提供一个理想化的逃避现实的场所，网络让一些人感觉到在虚拟世界中能获得更大的满足感和成就感。面对生活中的孤独和挫折，一些大学生可能会通过网络寻找慰藉，结交不认识的网友进行交流，从而忽视现实生活中的人际关系。这种现象可能削弱他们的现实社交能力，导致人际关系的疏远。

网络的多样性和匿名性容易使大学生接触到不健康的信息，而他们对信息的筛选能力尚未成熟，易被误导，对他们价值观的形成构成了不利影响。这些信息可能涵盖从误导性新闻到有害的社会观念，从而对年轻人的心理和行为产生深远的影响。因此，教育机构和家庭应共同努力，加强大学生的信息素养教育，培养他们的独立思考能力，帮助他们建立起健康、理性的网络使用习惯。同时，大学生自身也需要意识到，平衡虚拟生活与现实生活的重要性，努力培养真实世界的人际交往技能，确保自己的全面发展。

三、市场经济的发展

确立市场经济体制是我国在经济全球化背景下进行的深刻社会变革，它不仅使中国从一个相对保守封闭的国家走向对外开放，还极大地提高了人们的生活水平和拓宽了社会视野。这种转变为中国融入世界经济体系铺平了道路，也使得国内市场与国际市场的交流与合作日益频繁。市场经济为现代化社会生产发展提供了重要推动力。通过引入竞争机制和效率导向，它激励个人和企业不断追求创新和效率，从而加速了技术进步和产业升级。在这种经济环境下，各种资源得以更合理地配置，促进了整体经济的活力和持续增长。同时，市场经济给人们提供了广泛的发展平台，增强了人们的主体意识和创新精神。市场经济鼓励个人通过自己的努力实现价值，这种自我实现的机会大大增加了社会成员的积极性。人们在追求个人发展的同时，也带动了社会整体的进步和繁荣。在市场经济的激励下，人们需要在竞争中付出努力。这种环境不仅强化了个体的独立意识和自由平等观念，还促使人们提升自我能力，以适应激烈的市场竞争。通过努力，个人不仅能够提升自身的职业技能，而且能够增强解决复杂问题的能力，这对于个人的长远发展极为有利。

确立市场经济体制为中国的社会和经济带来了深远的变革，也对大学生的价值观形成提出了新的挑战。市场经济的利益导向性质在某些情况下可能导致道德建设面临挑战。在这种环境下，一些人可能为了追求个人利益而采取不诚实和不正当的手段，这种行为模式不仅对个人的道德发展构成威胁，也对社会的整体健康和和谐产生不利影响。特别是对于当代大学生，市场经济强调个人利益可能促使他们形成急功近利的心态，将金钱看作衡量一切的标准。这种趋势可能诱发拜金主义、功利主义和强烈的利己主义，使得大学生在面对道德和职业选择时可能优先考虑个人经济利益而忽视道德和社会责任。此外，市场经济中等价交换的原则如果错误应用于人际关系，可能导致人们在建立友谊和社交关系时更注重利益得失，而非基于真诚和相互支持。这种以利益为基础的关系可能导致社会联系的薄弱和人际信任的缺失。因此，尽管市场经济体制为中国带来了显著的经济增长和社会发展，但同时也需警惕其对道德价值观的潜在负面影响。大学生作为社会的未来，需要在追求个人发展的同时，坚持正确的价值导向，平衡个人与社会的关系，以助力构建更为健康和谐的社会环境。

第四章　德育教育方法的创新

　　德育教育作为塑造学生道德意识和行为的关键领域，一直面临着不断变化的社会需求和技术进步的挑战。传统的德育教育方法虽有其价值，但在快速变化的现代社会中逐渐显示出局限性。因此，教育者和政策制定者亟须探索创新的德育教育方法，以适应新的社会环境和技术条件。本书将探讨近年来德育教育方法的各种创新实践，包括利用数字工具、增加实践环节、引入情景模拟等，旨在提供全新视角和实践案例，以帮助教育机构有效提升德育教育的实效性和吸引力。这些创新不仅能够提高学生的参与度和兴趣，还能够更好地让他们能很好地面对未来复杂多变的道德和社会挑战。

第一节　互动式教学方法

　　在教育领域，传统教育模式和互动式教学各有其特点和应用范围。传统教育模式通常侧重于知识的传授，教师在课堂上扮演主导角色，学生则是被动接受知识的对象。这种教育方式在某些情况下效率较高，尤其是在需要大量记忆和重复的学科中。然而，这种模式往往忽视了学生的主动参与和创造性思维的培养，学生的个性化需求和潜能发掘不足。

　　相比之下，互动式教学模式强调师生互动和学生之间的合作。在这种模式下，教师更多地扮演引导者和协调者的角色，鼓励学生参与讨论和项目，通过实际操作来学习和探索知识。这种方式能够激发学生的学习兴趣，促进批判性和创造性思维的发展。

　　在大学生的德育教育中，互动式教学显得尤为重要。德育教育不仅仅是道德规范的灌输，更是培养学生自我反思和道德判断能力的过程。通过互动式教学，学生可以在讨论和合作中学会尊重他人观点，培养同理心和社会责任感。此外，互动式教学能够提供真实的社会情境，使学生能够在实践中学习如何处理道德和伦理问题，这对于培养他们成为社会上有责任感的成员至关重要。

因此，结合互动式教学在德育教育中的应用，我们可以看到其对于促进学生全面发展的重要性。通过有效的师生互动和合作学习，大学生可以更好地理解和实践道德教育的核心价值，为未来社会的挑战做好准备。

一、互动式教学方法的含义

互动式教学方法是一种以学生为中心的教学模式，强调教师与学生之间、学生与学生之间以及学生与教学内容之间的动态互动。这种教学方式旨在促进学生的主动学习，通过互动活动增强学习的深度和广度，使学习过程不仅仅是知识的传递，而是一种全面的认知和社会技能的发展。

互动式教学方法的核心特点包括：

（1）参与性强：在互动式教学中，学生的参与度显著提高。他们不再仅是坐在课堂上听讲的被动接受者，而是成为能够通过各种形式主动探索知识的学习者。教师通过设计具有挑战性的讨论题、合作项目和实验活动，使学生能够亲身体验和实践学习内容。这种参与方式使学生在实际操作中理解理论，通过实际问题的解决来构建和巩固知识，从而更深入地掌握学科内容。

（2）互动性高：此教学法通过鼓励师生之间的互动以及学生之间的交流，极大地丰富了学生的社交维度。在问题解答、角色扮演和小组讨论中，学生必须相互沟通、交换想法、协商解决方案，这种过程不仅增强了他们对学科的兴趣，还显著提升了沟通和团队合作的能力。通过这种多样化的交流方式，学生能够从不同角度和新的视角理解课题，增加学习的深度和广度。

（3）灵活性大：互动式教学的一个重要优势是其灵活性。教师能够根据学生的反馈、兴趣和学习速度调整教学计划和方法。这种个性化的教学策略使得课程可以适应不同学生的需求，无论是加快节奏以挑战高效率学习者，还是通过额外的解释和练习帮助需要更多支持的学生。教师的这种适应性不仅优化了教学效果，也保证了每位学生的学习需求都得到满足。

（4）反馈及时：在互动式教学中，教师能够通过持续的互动直接观察学生的学习状态，及时获得学生对教学内容的理解和反应。这种即时的反馈对教学调整至关重要，它使教师可以快速识别和解决学生在学习过程中遇到的问题，从而提高教学的有效性和效率。学生也能通过这种方式获得快速的指导和澄清，帮助他们更好地理解和掌握学习材料。

（5）促进批判性思维：互动式教学特别强调批判性思维的培养。通过面对实际问题，分析不同的解决方案，学生学会了不仅要接受事实，还要质疑和评估信息。教师通过引导学生批判性地分析案例、辩论不同观点，以及评估各种数据和信息源，有效地促进了学生的独立思考能力。这种思维方式对于学生未来的学术生涯和职业生涯都是极其宝贵的技能。

综上所述，互动式教学通过这些关键特点，不仅提升了教学的质量，也极大地增强了学生的学习体验，使其更加全面和有效。通过这些特点，互动式教学方法能够更有效地促进学生的学术成就，同时培养他们的社交技能、创新思维和终身学习的能力。这种教学模式在全球范围内越来越受到重视，被广泛应用于各级各类教育中。

二、互动式教学的理论基础

在理解互动式教学的理论基础时，我们可以从教育心理学、社会互动理论，以及互动式学习模型的发展历程三个方面进行探讨。

（一）教育心理学视角

从教育心理学的角度来看，互动式教学不仅关注知识的传递，更重视学习者的主动参与和内在动机的重要性。这种教学方法认为，学习是一个积极主动的过程，学生通过与周围环境的互动，包括与教师和同伴的互动，以及与学习材料的直接接触，来构建和重塑自己的知识体系。

瑞士心理学家让·皮亚杰（Jean Piaget）的认知发展理论提供了对这种互动的心理学基础。皮亚杰认为，儿童通过与环境的互动经历四个发展阶段，逐步构建其认知结构。在这个过程中，建构主义理论尤其强调学生在学习过程中的主动作用，认为学生通过探索、提问和实践，而不是被动地接受信息，来构建自己的知识和理解。

此外，俄罗斯心理学家列夫·维果斯基（Lev Vygotsky）的社会文化理论进一步强调了社会互动在认知发展中的关键作用。维果斯基提出了"最近发展区"（Zone of Proximal Development，ZPD）的概念，该理论主张，学生在成人指导或更能干伙伴的帮助下，能够执行原本无法独立完成的任务。这种观点认为，学习应该发生在学生当前能力和潜在发展之间的区域内，通过适当的挑战和支持，学生可以达到更高的认知水平。

综合皮亚杰和维果斯基的理论，互动式教学通过创造一个支持性和挑战性并存的学习环境，促使学生在认知上不断前进。在这样的环境中，学生被鼓励去探索、提出问题、解决问题，以及通过与他人的交流和合作来进一步深化自己的理解和知识。这种教学方法不仅帮助学生建立扎实的知识基础，更重要的是培养了他们的批判性思维和解决问题的能力，为终身学习奠定了基础。

（二）社会互动理论

社会互动理论为互动式教学提供了坚实的理论支持，强调了人与人之间互动对学习和发展的重要影响。根据阿尔伯特·班杜拉的社会学习理论，个体通过观察、模仿和模仿他人的行为来学习。这一理论认为，大多数学习是在社会互动中发生的，这一点在教育环境中尤为重要。

在教室环境中，互动式教学方法如小组讨论、角色扮演和协作任务等，不仅提供了学术知识的学习机会，而且通过社交互动加强了这些学习体验。例如，通过小组讨论，学生可以交流思想，挑战彼此的观点，并共同构建新的知识。这种方式促进了深度学习，因为学生不仅要吸收信息，还要积极参与信息的解释和应用。

角色扮演则提供了一个模拟真实世界情境的平台，学生可以在其中扮演不同的角色，从而学习和实践社会行为和决策过程。这种方法特别适用于教授复杂的社会和情感技能，如冲突解决、团队合作和领导力等。

此外，协作任务鼓励学生共同工作以达成共同目标，这不仅增强了团队合作能力，还帮助学生理解多样性和包容性的重要性。在这种互动环境中，学生必须沟通、协调和支持彼此，从而增强了他们的社会责任感和集体意识。

通过这些互动式活动，学生不仅能够提高他们的学术表现，还能在社会交往和情绪管理方面获得宝贵的经验，这些都是他们未来生活和职业成功的关键技能。因此，互动式教学不仅是知识传递的手段，更是培养全面发展个体的重要工具。

（三）互动式学习模型的发展历程

互动式学习模型的演变标志着教育方法从传统的教师中心转向更为学生中心的教学方式，强调学生的主动参与和个体需求。20 世纪中叶，随着教育心理学和认知科学的突破，教育者们开始重新思考教学的本质和方法。这一时期，诸如问题基础学习（PBL）、合作学习和探究式学习等教学策略逐渐兴起，它们共同强调通过学生之间的互动及学生与教学内容的直接互动来促进深入学习。

问题基础学习（PBL）特别强调在真实世界情境中解决问题的重要性，让学生在探索过程中发展批判性思维和解决问题的技能。合作学习则通过小组互助的方式促进知识共建，增强学生的社交技能和团队合作能力。这些策略不仅教授学术知识，更重视培养学生的综合能力。

进入 21 世纪，随着信息技术和数字技术的飞速发展，互动式学习得以进一步发展和创新。在线协作工具、互动白板、虚拟现实（VR）和增强现实（AR）技术的应用，极大地增强了教学的互动性和吸引力，同时也突破了时间和空间的限制。例如，虚拟现实技术能够创造沉浸式学习环境，让学生在仿真的历史场景或科学实验中学习，从而获得更加直观和深刻的学习体验。

此外，这些技术的融合也使得个性化学习成为可能。通过智能教学系统和数据分析，教育者可以更准确地了解每位学生的学习进度和需求，从而提供更加定制化的教学资源和支持，这不仅提高了学习效率，也增加了学生的学习动机和满意度。

总的来说，互动式学习模型的发展为现代教育提供了一种更加动态、灵活和有效的教学方式。通过不断地引入新的教学策略和技术，这种模式不断演进，更好地适应了快速变化的教育需求和挑战。

三、互动式教学方法的类型

在探讨互动式教学方法的类型时，我们可以从多种实施方式来分析其特点和应用场景，包括讨论与辩论、协作学习、角色扮演、案例分析和模拟教学等。

（一）讨论与辩论

讨论与辩论是一种在教育领域广泛应用的互动式教学方法，特别有益于激发学生的批判性思维和口头表达能力。在实施这一方法时，教师通常会提出一个具有争议性或开放性的主题或问题，引导学生进行深入的探讨和辩论。这不仅要求学生对所学知识有深刻理解，还要求他们能够运用这些知识进行逻辑推理和有效表达。

此教学法鼓励学生从多个角度和视角审视问题，这种多维度的思考过程有助于学生培养全面的逻辑思维和强大的论证能力。在辩论中，学生必须明确自己的立场，同时反驳对方观点，这种活动有助于提升他们的思辨能力和说服技巧。

例如，通过组织模拟联合国会议或学校辩论赛，学生不仅可以在实战中学习如何运用国际法、政策分析和公共演讲等技巧，还能在模拟的国际环境中体验协商和外交策略。这种形式的辩论训练不仅能够提高学生对国际关系和全球问题的认识，还能显著增强他们的团队合作能力和领导力。

此外，讨论与辩论也可以作为日常课堂活动，教师可以通过引入时事话题或经典道德困境，激发学生的兴趣和参与度。这种教学模式不仅使课堂更加活跃，也帮助学生在现实生活中形成独立思考和理性讨论的习惯。通过这种方式，学生能够在安全和尊重的环境中练习和提升自己的表达和交流能力，为将来在更广泛的社会和职业环境中有效沟通打下坚实的基础。

（二）协作学习

协作学习是一种以团队合作为基础的教学策略，强调学生之间的相互帮助和共同努力以完成学习任务。在协作学习中，学生通常按小组分配，每个小组成员根据自己的强项和兴趣承担不同的角色，共同工作以解决问题或完成项目。这种分工合作的过程不仅促进了学生之间的交流与互动，还激发了团队精神和集体责任感。

通过协作学习，学生可以在小组互动中学习如何表达自己的观点、倾听他人意见、协调不同的想法，并在此过程中提升自己的沟通和人际关系技能。此外，这种学习方式还能帮助学生培养批判性思维和创造性思维，因为他们需要评估多种解决方案，创造出最佳的集体答案。

在教育实践中，协作学习的应用非常广泛。教师可以设计各种类型的活动，如共同研究一个科学问题、开发一个技术项目、策划一次社会活动或一起创作一部作品等。这些活动要求学生将个人知识与团队资源结合起来，实现共同的学习目标。

此外，协作学习还强调了学习过程中知识的深化与应用。在团队合作中，学生能够通过实际操作和应用所学知识来解决具体问题，这种实践经验有助于加深对知识的理解并增强记忆。例如，在进行科学实验或数学模型构建时，学生需要将理论知识应用到实际情境中，这不仅提高了学习效率，还使学习过程更加生动和有趣。

总之，协作学习通过强化社交互动和集体合作，为学生提供了一个支持性和富有挑战性的学习环境，这种环境有助于学生全面发展，不仅仅是在学术上取得进步，更在社会和情感层面上获得成长。

（三）角色扮演

角色扮演是一种极具吸引力的教学方法，它允许学生通过模拟特定情境并扮演不同角色来深入体验和学习。这种方法特别适合于培养如领导力、决策制定、人际交往以及协商技巧等复杂的社会化管理技能。通过置身于模拟的现实情境中，学生不仅能理解理论知识，还能在实践中学习如何应用这些知识解决问题。

在角色扮演的活动中，教师通常设定一个具体的背景，如企业管理场景、历史事件、法庭审判或医疗急救等情境，学生则根据这些情境被分配到不同的角色。这样的设置使学生必须从其角色的视角出发思考和行动，这不仅挑战了学生的同理心，也促使他们必须使用逻辑性和批判性思维来做出决策。

角色扮演的教学效果在于其高度的互动性和参与感。学生在角色扮演中通常更加投入，因为他们需要在没有真实风险的情况下尝试解决问题，并且可以即时看到自己决策的结果。这种方法的另一个优势是它允许错误的发生。在安全的学习环境中，学生可以自由地尝试不同的策略，并从错误中学习，而不必担心真实世界中的严重后果。

此外，角色扮演还有助于提高学生的沟通能力。因为他们需要与其他扮演不同角色的同学交流和协作，以达成任务目标或解决冲突。这种沟通经常是多方面的，包括口头表达、非言语交流以及书面表达等。

通过角色扮演，学生能够在多个层面上增强自己的能力：从增强专业知识到提升人际互动技能，从提高问题解决能力到加强决策制定能力。因此，角色扮演不仅仅是一种教学工具，更是一种全面提升学生综合素质的有效方法。

（四）案例分析

案例分析是一种重要的教学方法，通过分析和讨论真实或虚构的具体案例，帮助学生深入理解复杂问题并应用理论知识于实际情境。这种方法在商业管理、法律、医学、工程以及政策研究等多个领域得到了广泛的应用，因为它能够有效地弥合理论学习与实际操作之间的差距。

在案例分析的过程中，学生被引导去详细审查案例的各个方面，包括背景、关键行动者、问题的核心以及所采取的策略和其结果。教师通常会挑选那些能够激发讨论、引发争议或具有教育价值的案例，使学生能够从多角度进行分析和批判。

通过案例分析，学生不仅能够将课堂上学到的抽象理论与具体实践相结合，还能够培养其批判性思维能力。学生需要评估案例中的决策过程，思考如何在类似情况下应用不同的策略可能导致不同的结果。这种分析过程促使学生深入思考，如何在现实世界中实施理论并观察潜在的复杂影响。

此外，案例分析还能提高学生的决策能力。通过讨论案例中的成功或失败，学生可以学习如何在不确定和信息不完全的情况下做出更加明智的决策。这种经验对于未来的职业生涯尤为重要，特别是在那些需要快速且准确决策的行业中。

案例分析还鼓励学生进行团队协作。在小组讨论中，学生需要共同分析案例，分享各自的观点，合作制定解决方案。这种协作不仅增强了学生的团队合作精神，还提升了他们在群体中表达和维护自己观点的能力。

总之，案例分析通过其实践导向的学习方式，有效地促进了学生的综合能力提升，使他们能够更好地理解并应对现实世界中的复杂问题。

（五）模拟教学

模拟教学是一种先进的教学策略，通过创建现实世界情境的模拟环境，使学生能够在没有风险的条件下实践和掌握复杂的操作技能。这种方法在科学、工程、医学、航空、商业策略和紧急应对训练等多个领域都显示出了其独特的有效性。

在科学教育中，模拟教学允许学生通过虚拟实验室进行化学或物理实验，不仅减少了实际实验中可能的危险和成本，还能让学生反复进行实验，以便更好地理解复杂的科学原理。工程领域的学生可以通过模拟软件设计和测试机械或电子系统，从而在实际制造之前预见潜在的设计问题。

在医学教育中，模拟教学已成为培训未来医生和护士的重要工具。通过使用高级医学模拟器，学生可以进行外科手术练习或紧急医疗响应，这些模拟器能够模拟真实病人的生理反应，提供即时反馈，使学生能在无风险的环境中学习和掌握关键的医疗技能。

随着虚拟现实（VR）和增强现实（AR）技术的发展，模拟教学的潜力被进一步扩展。VR和AR技术能够创造极其逼真的互动环境，让学生仿佛身处真实情境中。例如，通过 VR 技术，建筑学学生可以"走进"他们设计的建筑中，检查每个细节，并对设计进行及时修改。商学院的学生可以模拟运营一家公司，做出关键的商业决策，并看到这些决策对公司运营的实时影响。

此外，模拟教学还有助于培养学生的决策能力和团队协作能力。在模拟的紧急情境或复杂项目中，学生需要实时做出决策并与其他团队成员协作，这种压力下的实践可以极大地提高学生在真实世界中的应对能力。

综上所述，模拟教学通过提供安全、可控且高度逼真的学习环境，不仅加深了学生对专业知识的理解，还极大地提升了他们的实际操作能力和问题解决能力。随着技术的进步，这种教学方法预计将在更多领域得到广泛应用。

四、互动式教学方法在德育教育中的应用

在德育教育中，互动式教学方法不仅可以促进学生的知识学习，更重要的是能够在培养道德意识和伦理观念方面发挥显著作用。以下是互动式教学在德育教育中应用的几个关键方面：

（一）培养批判性思维

互动式教学方法在培养学生的批判性思维方面发挥了显著作用，特别是通过讨论、辩论和案例分析等活动。这些活动促使学生不仅接受知识，而且主动参与到知识的分析和批判过程中。在德育教育中，这种方法尤为重要，因为它涉及道德和伦理问题的探讨，这些问题往往没有简单的对错答案，需要深层次的思考和理解。

教师可以设计与道德困境相关的情境，例如模拟现实生活中的伦理冲突，如诚实与忠诚之间的抉择，或是探讨公正与效率的平衡等。通过这些情境，学生被要求分析各种行为选择及其潜在后果，并从多个视角评价这些选择的道德意义。这种分析不仅涉及逻辑推理，还包括情感认知和社会价值的考量。

例如，通过辩论关于公平贸易和市场自由的主题，学生可以深入了解经济决策背后的道德和伦理考量。或者，在分析一个关于医疗伦理的案例时，学生需要考虑医生、病人及其家庭的权利和责任，以及医疗资源的分配问题。这种讨论不仅增强了学生对问题受多方面影响的理解，也锻炼了他们在复杂和压力环境下作出决策的能力。

进一步地，互动式教学还鼓励学生批判性地反思自己的价值观和假设，提高他们

对自我和社会的认知。通过不断地问难题和挑战常规思维，学生能够发展出更加成熟和全面的思维模式，这对于他们未来成为具有高度道德意识和社会责任感的公民至关重要。

总之，通过互动式教学方法培养批判性思维，不仅提高了学生解决复杂道德问题的能力，也促进了他们全面发展的关键技能，如逻辑推理、情感智力和社会互动能力。这种教育方式为学生提供了一种深入理解和处理现实世界问题的强有力工具。

（二）强化道德和伦理决策

在德育教育中，互动式教学方法如角色扮演和模拟教学扮演着至关重要的角色，特别是在加强学生道德和伦理决策能力方面。通过这些活动，学生被置于构造的道德冲突和伦理困境中，必须根据现实情况做出决策。这种模拟提供了一个安全的环境，学生可以探索和实践道德原则，如诚实、正义、同情和责任感等。

例如，在一个角色扮演活动中，学生可能需要扮演医生、病人、病人家属或医疗行政人员等不同角色，每个角色都有其独特的道德责任和决策挑战。通过这样的设置，学生不仅学习到了如何从不同角度审视问题，还能体验到每个角色在道德决策中的压力和挑战，如何平衡个人利益与他人福祉，以及如何处理可能的道德冲突。

此外，模拟教学活动，如模拟社会服务场景或法庭审判，也同样能够强化学生的伦理决策能力。在这些模拟中，学生必须应用具体的道德原则来解决复杂的社会问题，例如如何公正地分配有限的社会资源，或者在法庭审判中如何确保正义的实现。这种实践使学生能够深入理解道德原则在现实生活中的应用，并培养他们在面对真实世界问题时的决策能力。

通过这些互动式教学活动，学生不仅学到了理论上的道德原则，更重要的是，他们学会了如何将这些原则应用于复杂多变的现实情境中。这种教学方式有效地促进了学生道德认知的深化，帮助他们发展成为能够做出合理且道德的决策的成熟个体。这种能力的培养对于学生未来在社会中承担角色，特别是在面临道德和伦理挑战时，能够做出明智和正义的决策至关重要。

（三）促进价值观的形成和自我认识

互动式教学方法在促进学生价值观的形成和自我认识的过程中发挥着关键作用。

通过小组讨论、协作学习、角色扮演等活动，学生不仅有机会表达自己的思想和观点，还能在与他人的互动中听取和理解不同的意见和立场。这种开放的交流环境鼓励学生探索和质疑各种社会、文化和个人信仰，从而帮助他们建立或重新评估自己的价值观和世界观。

在小组讨论中，学生被鼓励发表自己的看法，并且需要倾听并考虑其他同学的观点。这种互动不仅增强了他们的沟通技能，而且通过比较和对比不同的意见，学生能够更全面地理解一个问题的多个方面。这个过程有助于学生认识到自己的看法可能受到个人经历、文化背景和社会环境的影响，从而促进了更深层次的自我反思和成长。

此外，互动式教学常用的角色扮演活动使学生有机会从其他人的视角看待问题，体验不同的社会角色和责任。例如，在一个关于社会公正的模拟活动中，学生可能需要扮演政府官员、社区成员或商业领袖等不同角色。这种体验不仅帮助学生理解不同角色的责任和挑战，而且有助于他们认识到自己的行为和决策如何影响其他人，进而深化对公平、责任和伦理等价值的理解。

通过这些互动式的学习经历，学生能够在理解自身和他人的复杂性的同时，发展出更加成熟和平衡的价值观。这种价值观的形成是学生个人成长的重要部分，它不仅影响他们作为个体的行为和决策，还影响他们作为社会成员的互动和贡献。通过自我认识的提高和价值观的发展，学生更有可能成为具有道德责任感和社会责任感的公民。

（四）提升社会责任感和集体意识

互动式教学方法通过协作学习和社区服务项目等活动有效地增强了学生的社会责任感和集体意识。这些活动不仅教授学生如何与他人有效合作，还深化了他们对自己行为在社会中影响的理解，从而培养了他们的社会参与感和责任感。

在协作学习中，学生通过团队合作完成学术项目或解决问题，这一过程强调了集体努力的重要性。学生在这一过程中学习到，每个团队成员的贡献都是成功的关键，这不仅增强了他们对团队合作的价值的认识，也促使他们了解到在集体中每个人的角色和责任。

社区服务项目则提供了一个更直接接触社会的平台。通过参与这些项目，学生可以在实际社会环境中应用他们的知识和技能，解决社区面临的实际问题。这些活动往往涉及环保、教育、老年人关怀或贫困援助等领域，让学生亲身体验到他们的努力如何改善他人的生活质量，从而增强他们的社会责任感。

此外，这些体验教育活动还帮助学生建立了社会网络和社区联系，使他们意识到个体与社区之间的密切联系。学生开始认识到，个人的成功与社区的福祉紧密相连，他们的行为和决策不仅影响自己，也对社区产生影响。

最终，通过这些教学活动，学生不仅提升了与他人合作的能力，也增强了对社会责任的感知和承担。他们学会了在考虑个人利益的同时，也考虑对社会的贡献，逐渐形成了更加成熟和全面的世界观。这种社会责任感和集体意识的提升，使学生更有可能成为未来积极参与社会发展的公民。

总的来说，互动式教学方法通过提供实际化、情境化的学习经验，极大地丰富了德育教育的内涵和效果。这些教学策略不仅帮助学生形成健全的道德观和价值观，还培养了他们作为社会成员应有的责任感和集体意识。

五、实施互动式教学方法的挑战与策略

在实施互动式教学方法时，教育者面临着多种挑战，但通过采用有效的策略，这些挑战可以得到有效解决。

（一）教师角色的转变

在互动式教学中，教师的角色经历了显著的转变，从传统的知识传递者变为引导者和协调者。这种转变带来了一系列挑战和需要采取的策略来有效适应新角色。

互动式教学要求教师不仅具备深厚的学科知识，还需要掌握如何有效引导学生讨论、激发学生的思考以及应对课堂上的各种动态问题。教师需要能够设计和实施教学活动，以促进学生的积极参与和深层学习。此外，教师还需能够灵活应对学生间的不同意见和可能出现的冲突，确保课堂环境的积极和包容。

教师可以通过参加专业发展课程来增强自己在引导讨论、促进协作学习和使用新教育技术方面的能力。这些培训通常涵盖最新的教育理论和实践，帮助教师了解如何构建支持学生批判性思维和问题解决能力的学习环境。教师可以通过观摩同行的教学，学习他们如何处理课堂互动和动态。通过定期的教师研讨会或学习小组，教师可以交流教学经验，分享有效的教学策略和教学方法。这不仅帮助教师获得实际可行的技巧，也促进了教师社群的形成，增强了教师之间的支持网络。教师应定期反思自己

的教学实践，评估哪些策略有效、哪些需要调整。通过撰写教学日志、收集学生反馈或与同事讨论，教师可以更深入地理解自己的教学方法和学生的学习需求。随着教育技术的发展，教师可以利用各种在线平台和工具来增强课堂互动性。学习如何有效地整合这些技术到教学中，可以帮助教师更好地实施互动式教学。

通过这些策略，教师可以更好地适应互动式教学中的新角色，有效地引导学生学习，并创造一个积极、互动和包容的学习环境。

（二）学生参与度的提升

在互动式教学中，学生的积极参与是关键。然而，某些学生可能因为性格内向或不习惯公开表达而犹豫不前，这为教师提出了挑战。

不是所有学生都能自然地适应互动式学习的要求。内向的学生可能在公开场合讲话时感到不安，或者担心其观点会受到评判。此外，有些学生可能因为之前的学习经验不足而缺乏信心，害怕在同伴面前犯错。

教师可以设计各种类型的互动活动，如小组讨论、一对一配对、写作任务和在线论坛等，以适应不同学生的表达习惯和舒适度。例如，内向的学生可能更倾向于在小组内部进行讨论，或在在线环境中发表意见。教师应努力创造一个无压力、鼓励性的学习氛围，其中每个学生的意见都受到尊重和欢迎。这可以通过明确表扬那些勇于发言的学生来实现，同时也需要强调错误是学习过程的一部分，鼓励学生从错误中学习。对于那些不习惯公开发言的学生，教师可以先从小规模或较不正式的互动开始，逐渐帮助他们建立信心。例如，可以先让学生在小组中分享，然后逐步扩大到全班讨论。教师应向每位学生提供定制化的反馈，指出他们的进步和需要改进的地方。这种个性化关注不仅能增强学生的参与感，还能帮助他们了解如何更有效地参与学习过程。教师可以利用各种教学技术和工具，如学习管理系统（LMS）、应用程序和互动平台，来鼓励学生参与。这些工具通常能提供多种表达方式，如匿名投票、讨论板和互动测验等，使所有学生都能以自己舒服的方式参与。

通过实施这些策略，教师可以有效地提高所有学生的课堂参与度，尤其是那些内向或不习惯公开发言的学生，从而确保互动式教学的成功实施和学生学习成效的最大化。

（三）课程内容和活动的设计

在互动式教学中，设计富有创造性和吸引力的课程内容和活动是提高学生参与度和学习效果的关键。然而，这也带来了显著的挑战。

设计符合互动式教学要求的课程内容和活动通常需要大量的时间和精力。教师需要展现高度的创造性来设计能够激发学生兴趣和参与的教学活动。此外，这些活动需要具有前瞻性，能够适应不断变化的教学环境和学生需求。这一过程往往复杂，需要教师在教学设计中考虑多种因素，如学生的学习背景、学习风格及技术可用性等。

教师可以通过整合和利用现有的教学资源，如在线课程库、开放教育资源和专业社区提供的案例研究，来丰富课程内容。这些资源通常包含了广泛的教学设计和活动示例，可以帮助教师节省设计时间，同时确保教学活动的质量和多样性。利用在线协作工具和教育平台可以极大地简化互动式教学活动的设计和实施过程。例如，使用"Google Classroom""Padlet"或"Kahoot!"等工具，可以创建互动式的讨论板、即时反馈问卷或竞赛式学习活动，这些都能有效提高学生的参与度和互动体验。教师应根据学生的反馈和学习效果持续调整教学计划和活动。通过定期的反馈收集和评估，教师可以识别哪些活动最有效，哪些需要改进，从而更灵活地适应学生的学习需求。与同事合作设计课程和分享教学策略可以提高教学活动的质量和效率。通过团队合作，教师可以共享最佳实践，相互学习，并共同开发适合自己学校和学生的创新教学活动。教师应参与专业发展和继续教育活动，以保持最新的教学策略和技术工具知识。这不仅可以提升教师的技能，还可以激发新的教学灵感。

通过实施这些策略，教师可以更有效地应对设计互动式课程内容和活动的挑战，创造一个更富有成效和参与感的学习环境。

（四）评估与反馈机制的建立

在互动式教学中，建立有效的评估与反馈机制是至关重要的，但这带来了一定的挑战，因为传统的评估方法可能无法充分捕捉到学生在这种教学环境中的学习进展和综合表现。

传统的评估方法，如标准化考试和笔试，往往强调记忆和重复，可能不适合评估学生在互动式教学中所获得的技能，如批判性思维、创造力和团队协作能力。此外，这些方法也不利于反映学生在实际操作和实时决策中的表现。

教师可以采用包括同行评审、自我评估、项目基础评估和表演性评估在内的多种评估方法。同行评审和自我评估鼓励学生参与自己学习过程的反思和评价，这不仅有助于培养自我监控的学习技能，还能增加学生对学习过程的投入和责任感。项目基础评估允许学生通过实际项目展示其综合应用知识和技能的能力，这种评估形式特别适用于评估团队工作和项目管理技能。建立一个持续和迭代的反馈机制，确保学生能及时接收到关于其作业和表现的具体反馈。这可以通过电子学习平台自动化反馈、教师的书面或口头反馈，以及同伴之间的评价来实现。及时反馈不仅帮助学生理解自己的学习情况，还为教师提供了调整教学策略的依据。利用教育技术工具可以有效地支持多元化的评估方法。例如，使用在线平台进行项目提交和评估，可以方便教师和学生跟踪学习进展，并进行实时互动。这些平台常配备有跟踪分析功能，可以帮助教师监控学生的参与度和表现，从而更好地指导教学和学习。教师应参与相关培训，以了解和掌握最新的评估方法和技术。通过专业发展，教师可以更有效地设计和实施适应互动式教学的评估策略。

通过这些策略，教师可以更全面和准确地评估学生在互动式教学环境中的学习成果，同时促进教学和学习的持续改进。

第二节 大数据与日常高校德育研究

在"互联网+"时代背景下，大数据技术已成为推动高等教育创新与变革的重要力量，特别是在高校德育领域。它促使教育决策科学化、管理精准化、学习个性化，从而实现从粗放型、规模化、经验化向精细化、个性化、智能化的转变。当前，高校在日常德育中面临理念滞后、教育模式粗放、理论与实践脱节以及供需不匹配等问题。为解决这些问题，高校德育必须紧跟时代步伐，利用大数据的优势，推动教育从线性思维向系统思维转变，从普适性教育向个性化教育进步，从单纯认知培养向实践能力养成提升，以及从单向需求适应向双向供给主动革新，以实现深层次的教育发展和提升。

一、大数据反映高校日常德育精准生态

在"互联网+"时代背景下，大数据已成为高等教育，尤其是德育领域发展的重要推动力。大数据技术和思维方式能够帮助教育从经验化、规模化向精细化、个性化、智能化转型。面对当前大学生日常德育中存在的诸多挑战，如教育理念滞后、教育模式粗放、理论与实践脱节及需求与供给错位等，利用大数据技术推动教育工作的转型发展显得尤为重要。

用户画像，这一概念最初由交互设计之父 Alan Cooper 提出，指的是基于一系列属性数据构建的目标用户模型。用户画像本质上是一个统计数据集合，通过分析用户的多源数据，对用户的属性和行为特征进行标签化描述，包含用户属性、特征和标签三个要素，并具备标签化、时效性和动态性等特点。在大学生德育领域，精准画像指的是基于全样本数据采集与分析，抽象呈现数据信息，精确地反映大学生的行为状态和个体或群体特征。

通过大数据技术，教育工作者可以实现大学生的全样本画像、动态化画像、可视化画像以及智能化画像。这些画像通过收集和处理学生产生的海量多维数据，筛选出反映学生某一属性或思想行为维度的标签，并利用数据聚类分析模型及可视化技术，将各个标签结合并呈现，构建出生动的多维一体化学生画像，实现对学生个体或群体的多维度可视化描述。

大学生数据画像可以分为个体画像和群体画像、单一画像和综合画像。个体画像揭示学生个体的思想特征、性格特点、生活习惯等，而群体画像则分类展示不同学生群体的思想行为特征，帮助教育者全面了解不同学生群体。单一画像如学习画像、社交画像等，详细展现学生在某方面的特点，而综合画像则全面描述学生的学习状况、校园生活等，对宏观把握学生状况具有重要作用。

最终，"学生画像"能精确反映学生的基本特征和行为状态，呈现学生思想行为、描绘成长轨迹、评测思想水平、预测发展趋势、预警行为风险等。这不仅有助于教育工作者全面把握学生的成长效果和问题，也使学生能够看到自己的不足，并据此进行改进。精准画像为实现个性化、智能化、精细化的教育管理提供了有针对性的方向，促进教育的深度发展。

（二）大数据有效呈现学生活动规律

在当今"互联网+"时代，大数据技术正成为高校德育工作中不可或缺的工具，它通过深入的数据分析和挖掘，揭示出学生行为的内在规律和趋势，从而为教育决策提供了强大的支持。大数据不仅关注数据的描述性分析，还通过综合处理和结构化分析，深层次地探索数据背后的逻辑和规律。

大数据的全样本特征和数据关联分析为揭示大学生思想和行为变化的规律及其发展趋势提供了全面的视角。这种全样本分析确保了从学生的学习、工作、日常生活到网络行为等各个层面和角度全面反映学生的整体状况。交叉验证和关联分析的应用，使得教育工作者能够通过碎片化的数据建立各因素之间的联系，系统地洞察教育对象，发现之前未曾注意到的关系和规律。

此外，大数据的数字化、可视化和全程留痕的特点，使得数据采集不再局限于静态信息的收集，而是转向动态信息的实时跟踪。通过对全样本、全过程的数据抓取，教育工作者可以深入分析不同因素之间的内在相关性，从而把握学生思想和行为的内在规律性。

在微观层面，大数据使大学生在校园中的行为呈现出时间规律性和地点周期性。通过实时记录和分析学生的学习生活行为数据，例如分析数据的时间、地点、顺序、速度和分布情况，可以绘制出学生行为活动的数据轨迹图。这不仅帮助研究大学生群体的特征，还揭示了学生成长的规律。

在宏观层面，依托大数据分析，教育工作者可以探索德育工作中各环节和要素之间的关联性，及时了解各环节的协调和各因素的相互作用效果。这种多层次的分析有助于明确哪些教育活动与学生思想素质的提升直接相关，从而优化资源分配和教育策略。

总的来说，大数据技术能够有效实现学生活动规律的可视化和立体化描述，极大地促进了教育工作者在理解和指导学生思想、心理和行为发展方面的能力提升。这为个性化、精细化的德育管理提供了有力的支持。

（三）大数据准确研判学生活动趋向

在"互联网+"背景下，大数据正成为高校德育工作的重要推动力，通过精准分析学生数据，揭示行为趋势，为德育提供前瞻性的洞察和决策支持。大数据不仅针对过去行为进行规律分析，还能预测未来趋势，从而优化教育过程和结果。

大数据的核心价值在于通过分析建立事物发展的相关关系，预测变化趋势，从而在德育工作中实现流程监控、决策预警和事态预控。利用来自学生学习、生活和在线行为等多源碎片化数据，结合机器学习和模式识别技术，大数据能够揭示看似随机的数据间深层的内在联系，预测发展趋势。

例如，运用大数据技术可以构建分析预测模型，通过回归分析、神经网络、贝叶斯知识追踪等算法，整体把握学生及教育环境的动态变化，实时评估不同因素的影响力度，探究教育各要素之间的内在逻辑关系，从而预测学生未来的发展状态。这种预测模式在网络舆情预警、心理危机干预、教育效果预估和超前服务预备等方面显得尤为重要。

通过数据挖掘，例如分析校园论坛、社交媒体中的关键词和频繁词汇，可以提前感知舆论趋势和学生的心理状态，预警潜在的行为风险。同时，对学生消费行为和校园门禁数据的分析可以帮助教育工作者识别学生的生活困难或异常行为，如华东师范大学通过学生消费数据预测经济压力的实例所示，大数据技术的应用显著提升了学生工作的主动性和预见性。

总而言之，大数据的应用使得高校德育从传统的被动应对和问题解决，转变为基于科学预测的主动介入和前置预警。这不仅有助于教育工作者及时解决学生的思想、心理问题，还能够在问题发生前进行干预，真正实现德育工作的科学化、精准化和智能化。

二、大数据带动德育思维向系统思维转变

大数据不仅是一种技术，更是一种全新的思维方式。在其辩证关系中，思维创新无疑占据了主导地位，引领我们进入一个深刻的时代转型。"大数据开启了一次重大的时代转型，就像望远镜和显微镜分别开启了宇宙和微观世界的奥秘，大数据正在彻底改变我们的生活和理解世界的方式，成为推动新发明和新服务的动力，预示着更多变革的到来。"大数据的核心价值在于它提供了一种全新的视角，让我们以前所未有的方式认识和改造世界。

大数据思维，这一产生于大数据时代、建立在大数据技术基础之上的观念体系，

是适应快速发展的信息社会所必需的一种高效率思维方式。维克托·迈尔-舍恩伯格（Viktor Mayer-Schönberger）指出，大数据引发了人们思维方式的三个重大变革：首先是偏好使用全体数据而非仅仅依赖样本进行分析；其次是接收数据的混杂性，不再单一追求数据的精确性；最后是更多地关注数据之间的相关性而不是单纯探求因果关系。这些变革体现了大数据思维的系统性、复杂性和非线性特征。

在实际应用中，大数据"样本等于总体""放弃精确性、接纳混杂性"以及"不问为什么，只问是什么"，展示了一种系统思维的整体性。这种思维方式不仅是大数据社会实践的产物，也是推动人类发展实践的重要力量。"思维方式的变革是大数据给德育带来的最大变革。"在基于大数据的大学生日常德育中，教育模式将从线性思维向系统思维转变，这种转变将极大地提高教育的适应性和效率，使其更加精准地响应学生的实际需求和发展趋势。

（一）突破样本思维，转向整体思维

在当前"大数据"时代，教育界正经历一种思维方式的根本转变，尤其在大学生德育领域。这种变革从传统的样本思维转向了整体思维，使得教育工作者能更全面地理解和影响学生的发展。

样本思维通常将复杂整体简化为数个部分，通过抽样调查和样本分析来理解整体，这种方法在处理庞大和复杂的学生群体时存在一定局限性，如非样本"被代表"和细节信息"被忽略"。大数据的应用，首先体现为一种整体思维，这种思维更注重"全体优于部分""杂多优于单一"和"相关优于因果"，从而促进从还原性思维向整体性思维的转变，这是一种系统化的整体性思维方式，强调对信息整体的把握。

整体性思维通过全样本数据，把握学生的全局特征。这种思维方式允许教育工作者从宏观角度看待学生群体，利用大数据技术收集的全方位信息，从而更全面地理解学生。例如，通过整合学生的学习、社交、消费和行为数据，教育者可以构建一个全面的学生画像，从而实现对教育对象更加全面而立体的认识。这不仅限于收集显性数据，也包括通过数据挖掘揭示的隐性信息，从而在更大范围和更深层次上理解和预测学生行为。

此外，大数据允许教育工作者跳出关注特定群体或个体的局限，通过全样本分析获得全体学生的综合信息，减少工作中的遗漏，提高教育的全面性和精确性。这种整体和系统性的思考方式强调在教育工作中考虑所有相关状态和信息，通过大数据技术和方法的运用，收集、处理、分析所有相关信息，形成完整的数据链，从而促进德育系统的选择、决策、实施、评估和反馈等方面的方法创新。

具体应用中，教育工作者需在强调整体性的同时，注意到细节的精确性，把宏观把握与微观精准地结合起来，实现从大局着眼和从具体问题入手的平衡。同时，需要强化对不同小范围群体特征的分析，如性别、年级、专业等，使得大学生群体的整体特征更加明显且具有层次，从而实现精细化管理。

总之，大数据的整体性思维不仅改变了大学生德育的工作方式，也为教育者提供了一个全面、系统的视角来理解和塑造学生的发展，有助于构建一个协同育人的全方位、多层次教育格局。

（二）突破孤立思维，转向关联思维

在大数据时代，德育工作的途径和思维方式正在经历根本的变革，尤其是从孤立思维转向关联思维。关联思维强调系统内外部元素的相互作用和影响，这对于高校日常德育工作具有重要的指导意义。

关联思维的核心在于全面考虑系统构成的各种要素、结构、功能和环境，从而把握事物的复杂非线性关系。这种思维方式能够通过数据关联挖掘，更为便捷和清晰地分析事物，甚至能将表面上看似无关或相悖的事物联系起来，提供全新的认识世界视角。

在大学生日常德育中，教育的主体、对象、介体和环体等元素之间存在着复杂的相互作用和影响关系。此外，日常德育与高校的教学、管理等其他系统也有着密切联系。因此，教育工作者在开展工作时应运用关联思维，从事物内部各要素的相互关系中发现和把握工作的规律性。

例如，教育工作者可以利用关联思维来分析影响大学生思想行为发展的各种因素，并据此加强和改进日常德育工作。同时，还应分析日常德育各要素之间的多层次联动关系，统筹部署教育工作的各主体、各要素与各环节之间的协调联动，使各项工作和各个环节相互促进、相得益彰。

高校在实施大学生日常德育时应注意几大相关关系的作用。

（1）长短程相关作用：短程相关作用关注短时间内影响事物发展的因素，而长程

相关作用则关注能够长时间影响事物发展趋势的因素。教育工作者应重点分析影响大学生长期思想行为发展的因素，以此来改进工作。

（2）内外部相关作用：运用大数据关联思维探寻内外因素对大学生思想行为的影响，同时改进内部因素和优化外部环境。

（3）强弱相关作用：重视大学生日常德育中的强弱相关数据，以发现问题和规律，区分主次，避免"眉毛胡子一把抓"。

（4）直接与间接相关作用：关注直接影响的同时，也要探寻那些潜在的间接影响因素，通过大数据分析深入探究其背后的深层次因素。

通过系统的关联思维，大学生德育工作可以从静态地、孤立地处理事件转变为动态地、系统地预防和干预，实现更全面和有效的教育效果。教育工作者应充分利用大数据技术和方法，从整体上把握和优化德育策略，真正实现科学化、精准化的教育管理。

（三）突破因果思维，转向多向思维

在大数据的浪潮中，德育工作的思维方式正从传统的因果思维，转向更加灵活和多元的多向思维。这种思维转变不仅扩展了教育者对学生行为和思想的理解，而且提高了教育实践的效率和准确性。

因果思维的传统方法着重探究事物发展的原因与结果，这种纵向深入探查的方法对于深刻理解事物规律非常重要。然而，由于这种方法在处理复杂、动态的系统时存在局限性，如时间消耗长、反应迟缓，可能导致得出的结论在迅速变化的环境中失去效力。此外，因果关系的复杂性和多变性意味着不总是可以清晰地追踪或确定。

多向思维则强调从多角度、多层面分析问题，不仅仅固定于寻找直接原因，而是探索事物之间的广泛关联性。在大数据环境下，多向思维通过识别模式和关联，而不完全依赖于因果逻辑，从而更快速地响应并采取行动。这种思维方式有助于教育工作者更全面地理解学生行为的复杂性和多样性，同时适应教育实践中的不确定性和多变性。

例如，在大学生德育中，如果某学生出现学业下滑，传统的因果思维可能会试图寻找单一原因，如是否谈恋爱或是否参与过多课外活动。而多向思维则会从更广的角度分析，考虑学业、心理、社交等多方面的因素，同时关注这些因素如何相互作用。

实践应用中，大数据使得我们可以收集和分析大量关于学生行为和表现的数据，从而在不完全确定因果关系的情况下，快速识别问题并进行预防或干预。这不是说放弃对因果关系的探索，而是在因果分析的基础上增加了关联分析的维度，使得教育者能够更灵活地应对各种教育挑战。

因此，大学生日常德育的实施需要教育者打破因果单向型思维的局限，采用基于大数据的多向思维，探索和应用教育对象思想和行为的多样性和复杂性。这种思维的转变不仅有助于更加全面地理解和应对学生问题，也为德育工作的创新提供了更多可能性，最终实现教育的个性化和精准化。

（四）突破静止思维，强化发展思维

在大数据的背景下，德育工作需要采纳一种动态性且发展性的思维方式，突破传统的静态分析，强化对学生行为和思想变化的连续性理解和预测。这种发展思维将有助于教育工作者更精准地把握学生的实际情况，并根据情况变化调整教育策略。

发展思维的重要性在于其能够认识并应对系统内部因素的相互作用及其与外部环境的交换。这种思维方式认识到，任何教育系统都是不断变化的，因此需要实时更新的数据来支持教育决策。

大学生日常德育本身是一个充满变动的过程，涉及许多互动的因素和持续变化的环境条件。因此，教育工作者需采取一种动态的视角，不仅关注事物的当前状态，而且要持续跟踪事物的发展过程，从而全面理解和影响学生的行为和思想发展。

应用实例包括方面。

（1）全过程数据跟踪：大数据技术可以实时记录学生的学习、生活和社交活动，形成一个动态的数据链。这使得教育工作者可以实时掌握学生的思想和行为动态，从而提高教育管理的实效性和针对性。

（2）预判思维：动态数据还允许教育工作者提前预测可能的教育需求和问题，如通过分析社会环境变化对学生的潜在影响，或抓住学生的思想倾向性问题进行及时的教育干预。

（3）开放性思维：发展思维鼓励教育工作者不局限于现状或现实条件，而是着眼于未来，通过不断发掘教育规律和学生思想变化的规律，丰富教育内容和形式，使教育实践能够预见并引导学生的思想发展。

在大数据时代，德育工作的成功越来越依赖于教育工作者跳出静态思维的局限，采用动态和发展性的思维方式。这种思维方式强调了预防和前瞻性，使得教育不仅仅是对已经出现的问题的反应，而是对潜在问题的主动干预和引导。通过这种方式，教育工作者可以更有效地促进学生的全面发展，实现教育的最大化效果。

三、大数据带动高校德育走向个性化

在新时代的背景下，我国教育界正日益关注并推动个性化教育的发展。尤其在大学生日常德育方面，逐渐从传统的"一刀切"模式，向尊重学生个体差异和个性化需求的教育模式转变。这种转变是对学生多样化发展需求的直接回应，旨在更好地促进每个学生的全面和独特成长。个性化教育的推进是对教育质量提升的重要举措，尤其在大学生德育领域，它能够促进学生的个性发展，提高其自我实现的可能性。面对新时代的教育需求，大学生德育必须从静态的、普适的教育模式转向更为动态和个性化的培育模式，这不仅是教育发展的必然趋势，也是提高教育公平性和有效性的关键路径。通过这种转变，可以更好地满足学生多层次和多样化的发展需求，促进每位学生的全面和谐成长。

（一）个性化教育的含义

促进学生个性发展是教育的核心目标和价值追求。国际个性化教育协会（International Personalization Education Association，简称 IPEA）定义个性化教育为："根据每位学生的需求定制教育目标、计划、培训方法和辅导方案，并执行这些计划。同时，动员专业团队提供学习管理策略、知识管理技术，并整合有效教育资源，以帮助学生克服限制，实现个人成长、自我实现和超越。"个性化教育不仅是一种尊重和培养个体特质的教育理念，也是一种教育实践，致力于展现和构建每位学生的独特个性。

习近平总书记在 2014 年与北京师范大学师生的座谈会上提道："世界上没有两片完全相同的树叶，教师应对每一位性格、兴趣、家庭背景各异的学生公平对待，尊重他们的个性，并包容他们的不足，发掘每位学生的优点和特长，使他们都能成才。"到了 2018 年全国教育大会上，他再次强调："应加速构建适合每个人的教育体系，确保不同性格、兴趣和潜力的学生都能接受到满足其成长需求的教育。"

教育部在 2017 年发布的《高校思想政治工作质量提升工程实施纲要》中指出，

要"强化分类指导和因材施教，提供针对性服务，提升教育工作的精细化水平，增强德育的吸引力和针对性"。在多元化的社会背景下，大学生的个性日益显著，传统的统一教育模式越来越难以满足他们的需求，教育和服务需求趋向于高质量和精细化。

面对这种新形势，大学生德育需要与时俱进，紧贴学生需求，最大限度地满足学生的个性化、多样化和高端化需求。在实施普遍教育的基础上，必须推行精准培养和分类指导，从"一刀切"转向"个性化定制"和"精准滴灌"的教育方式，体现教育的针对性和精细化。个性化教育不仅尊重学生的主体地位和差异，还依据学生的实际情况和多样化发展需求制定教育计划，采用多样的教育方法，提供个性化的学习内容和评价方式，精确解决各种教育问题，激发学生潜力，促进其全面自由的发展。

（二）基于数据画像精准描绘教育对象特征与需求

个性化培养是教育创新的关键，它要求教育者全面了解并精确识别每位学生的思想特征和个性需求。这不仅涉及对整体学生群体的分析，还包括对每个学生的深入洞察。教育工作者需要准确掌握学生所处的环境、他们的行为、喜好的教育方式、思想上的困扰以及他们需要的帮助，以明确教育的着力点，从而实现针对性的教学策略。学生行为特征数据的建模是大学生日常德育个性化培育的核心，其准确性直接影响个性化培育的效果。

通过大数据技术，可以挖掘学生的多维度信息，创建个性化标签，从而在时间、空间和内容上绘制出学生的全面个性化画像。这些画像能够精确反映出每位学生的实时需求，使教师能够基于这些分析为学生提供最适宜的能力培养，真正实现"因材施教"。

高校可以通过收集和分析学生在校园内的各种学习与生活数据，建立全面而精确的学生"数据画像"。这些画像综合考虑学生的成长背景、学习习惯、消费特征、性格特点、思想动态、兴趣爱好、心理健康、关注热点和个性需求等多个维度，全面描述学生的行为特征和思想状态，为个性化德育提供科学依据。

基于数据聚类分析的应用，能有效识别学生群体的分类和个体差异。通过数据聚类，教育者可以根据学生的知识需求、兴趣偏好等特征将学生归类，建立相应的关系图谱，实现教育对象的智能分类和层次分组。例如，教育者可以通过分析学生的课外活动参与度、学习习惯、网络行为等，构建学生的多维度群组模型。这不仅有助于识别常规分类外的特殊群体，也使得教育更加有针对性。

当数据聚类分析显示某些个体与群体标准存在较大差异时，这表明这些学生有特殊的需求或问题，需要教育者进一步分析原因并给予特别关注。通过大数据的全样本聚类分析，教育者可以更细致地分类学生群体，有效识别和响应学生的多样化和个性化需求，从而在传统教育模式基础上实施更精准和个性化的教育策略。

（三）基于大数据研发个性化数据产品与应用

大数据的价值在于它的应用潜力，尤其是在开发适应学生个性化需求的教育产品和应用方面。个性化教育不仅要精确地定义教育目标和内容，还需要选择恰当的传播形式和教学方法，确保这些元素能协同工作，从而构建一个有效的个性化教育实践新模式。

为了实现这一目标，教育工作者可以利用大数据集成各种资源，精心设计和搭配教育内容和形式，并选择合适的实施人员。例如，可以基于大数据挖掘与分析技术，根据不同学生的需求（如个体或群体的知识水平、价值观念、理想信念、成长背景、认知障碍、心理健康等）开发应用如"学生画像""精准管理""智慧课堂"等新型教育大数据应用。

此外，为了满足学生不同的需求层次，可以开发包括"生命智慧""励志成才""文明修身""感恩诚信""责任担当""生态文明""生涯规划"等在内的个性化学习资源系统。这些系统应结合各种教育资源，面向学生的具体需求，提供定制化的学习经验。

在开发个性化教育数据产品和应用系统时，高校需要确保教育内容的领导性、时效性和精确性，同时也要关注教育形式的创新性和灵活性。这样的系统设计不仅能实现教育目标和内容的多样化整合，还能有效地满足学生的差异化和个性化需求，从而精确地实施个性化的教育策略，提高教育质量和效果。

（四）基于大数据精准匹配，确保精准育人

自党的十八大以来，精准思维已成为党治国理政的显著特征及新阶段工作的核心思维方式。在大学生日常德育中，"精"指的是教育活动的简化、细化和易操作性，"准"则强调的是活动的量化、方向的确定性以及与事实及价值目标的完全契合。这

种精准教育模式要求学校在教育过程中明确教育任务和目标，针对每位学生的独特需求进行个性化教学，确保教育活动直击学生的短板，精准解决问题。

在全面掌握学生的特点和需求的基础上，利用大数据整合多样资源成为可能。教育者可以精心选择和设计教育内容、形式及实施人员，开发符合学生层次特征和需求的个性化德育大数据产品和应用。例如，通过大数据挖掘和分析技术，根据学生的政治教育需求（如特定个体或群体的知识掌握、价值倾向等），开发应用"学生画像""精准管理"等，以及整合教育资源以发展如"生命智慧""励志成才"等个性化学习资源系统。

高校在开发个性化教育数据产品和应用时，应重视教育内容的主导性、即时性和简洁性，并注意形式的创新性和灵活性。例如，利用大数据技术平台开发多维场景适配推送系统、自适应动态教育系统和个性化学习系统等，以解决问题和满足服务需求为导向，探索各种个性化、定制式、弹性化的日常德育路径和策略。这样的系统不仅能实现教育资源与教育对象的自动化和智能化匹配，而且能确保教育的精准实施。

具体来说，教育者可以依据大数据对学生的兴趣爱好、行为习惯和具体需求进行个性化的信息资源配送和投放，如向适应困难的新生推荐适应指南，向求职学生推荐面试技巧等。此外，高校还可以利用大数据推动慕课、微课和翻转课堂等在线课程的应用，通过泛在学习、弹性化学习和定制式学习、互动学习及虚拟现实体验等方式展开个性化学习。

综上所述，大学生日常德育必须利用大数据的即时性、互动性和资源整合能力，从学习资源选择、相关知识推荐到教育指导者的匹配，为学生提供个性化的在线资源、学习体验和交流空间，满足学生的多维个性需求，确保教育活动的精准性和有效性。

（五）基于大数据促进多元化教育评价

利用大数据促进多元化教育评价是个性化教育的核心动力。个性化德育的实施需要基于学生的发展需求，合理设定各因素的权重，构建评价数据模型，形成针对个体或特殊群体的学习情况的适配学习资源，寻找有效的教育路径。这种方法可以显著提高德育的针对性和实效性。

高校应充分利用大数据的优势，构建一个全方位、多层次、多角度的德育评价机制。这包括对学生的知识、能力、情感、态度等多维度进行评价，涵盖理论知识、社会实践、价值观、心理健康等方面的评价，同时也进行兴趣、态度、生活等非认知领域的个性化评价。通过大数据分析平台，可以实现教育过程的动态、可视化表现以及教育效果的科学评估，同时提前感知学生的思想动态和行为趋势，帮助教育工作者及时调整教育方案，实现真正的个性化精准培育。

在实施大数据驱动的个性化政治思想教育过程中，高校应优化德育评价体系，构建有利于学生个性自由而全面发展的多元评价系统，进行个性化、动态化、弹性化的评价和反馈。一方面，应利用大数据进行个性化、差异性、过程性的评价，采用灵活的考核标准。个性化教育的效果评估应关注学习成果和学生的自我变化程度。另一方面，高校应客观评估个性化育人效果，提供针对性的改进方案，如通过数据软件生成学生思想情况的发展诊断报告和趋势图，诊断个性化教育的实施情况并及时调整教育方案。

教育工作者还需要对个性化推荐系统的预测精度和覆盖率、转化率以及推荐系统对学生思想行为转变的贡献率进行评估，以此优化个性化推送服务模型，不断改进和创新个性化推送服务。在大数据的支持下，个性化培育能有效推动德育工作的科学化、精准化，但也需防范可能带来的弊端，如标签化、信息孤立化等问题。

四、大数据推动高校日常德育向实践养成转变

长期以来，大学生日常德育往往过度强调在认知层面上对学生进行道德知识的普遍化和客体化传授，这导致了德育的知识化，与学生的日常生活实践脱节，背离了教育的本质目标。思想道德教育应根植于生活，通过实践来形成。大学生日常德育的核心目标是培养学生用马克思主义的世界观和方法论来认知世界、指导实践，并能在解决现实问题中，将正确的思想观念和价值追求转化为自觉的思维和行为模式。因此，评价大学生日常德育的成效时，应不仅关注他们对政治理论的掌握程度，更重要的是观察他们是否能在实际生活中认同并应用这些政治立场和方法。

在新时代背景下，高校应突破传统的德育模式，利用大数据技术将德育与学生的广泛日常生活实践紧密结合。这种做法可以引导学生亲身参与和实践，达到知行合一，使学生在日常生活中不断地规范自己的行为，真正实现理论与实践的有机结合，提高政治理论的生活化、实践化水平。

（一）实践养成的含义

思想道德的根基在于生活实践，它是形成和验证道德价值观的基础。大学生的德育旨在培养学生运用马克思主义的世界观和方法论来深入理解世界并指导实践，将正确的价值观和思想内化成日常行为。这一过程要求学生不仅学习知识，还需将其应用于实际生活中，反复实践，从而形成持久的思想行为模式。正如习近平总书记所强调，要使价值观真正生效，必须让其融入人们的日常生活中，通过具体实践来体验和理解这些价值观。

教育不仅仅是传授知识，更重要的是培养学生的实践能力和将理论应用于实际的能力。习近平总书记在北京大学的讲话中提到，学生们学到的东西不应仅停留在书本上或头脑中，而应通过实际行动体现出来，实现理论与实践的统一。这表明，德育应从单纯的理论传授转向更为全面的价值观塑造，包括情感培养、分析判断和行为实践，全面提升学生的综合素质。

在当今多元文化和价值观的背景下，大学生德育面临新的挑战和要求。高校需要打破传统的教育模式，将德育与学生的日常生活紧密结合，培养学生的现实观察力、问题分析能力和实际操作能力。通过这种教育方式，可以更好地引导学生在生活中实践所学，发展成为既有理想、知识、能力，也能将这些转化为实际行动的社会栋梁。

（二）基于大数据深入大学生日常生活，凸显人文关怀

马克思的实践唯物主义认为，道德作为调节人际和社会关系的规范，源于人类的物质生产和社会生活需求。大学生的日常生活为其德育提供了关键的场景和基础，这包括他们的校园生活、宿舍环境等，不仅满足基本生存需求，也是其社交和发展需求的舞台。因此，将德育深入到学生的日常生活中，是提高德育效果的关键。

目前，大学生的德育往往未能完全融入学生的日常生活，教育者多关注学业和职业发展等显性领域，而对学生的基本生活、休闲娱乐、情感心理等方面关注不足。教育者往往对学生的"智育行为"给予更多关注，而忽视了"德育行为"的培养，使得学生的日常生活领域成为育人的盲区。

在新时代背景下，要突破这种教育模式的局限，将德育与学生的日常生活紧密结合，从而有效地培养学生的道德观和价值观。大学生的日常生活，包括他们的消费习

惯、社交行为、兴趣爱好等，都是反映其德育状况的重要指标。因此，高校需要从学生真实的生活活动出发，将理论教育与日常生活实践相结合，使学生能在实际生活中体验和实践所学的道德知识。

利用大数据技术，可以深入了解学生的日常行为和需求，从而为日常德育提供科学的依据和有效的路径。大数据不仅可以捕捉学生的学习、生活状态，还能分析其心理、情感和社交动态，为教育者提供全面的视角，帮助他们在日常生活中找到育人的契机，实现"知行合一"。

最终，通过大数据的帮助，教育者能更有效地融入学生的日常生活，进行精准的教育和引导，以期达到更好的教育效果，确保德育的现实性和有效性。这种结合了现代技术和教育理念的新模式，能够确保德育活动不仅仅是理论上的教育，而是一种生活化、实践化的教育过程，更符合当代大学生的实际需求和发展趋势。

（三）基于大数据观照学生日常行为规范，强化实践养成

大学生日常德育的核心目标是使学生将正确的价值观自然化为行为准则，提高思想政治理论在日常生活中的应用。因此，日常行为规范是评估大学生思想道德素质的重要指标。马克思实践唯物主义强调，道德不仅来源于生活，也通过实践得以形成和验证。在党的十九大报告中，更是强调将社会主义核心价值观融入日常行为，变为人们的情感认同和行为习惯。

这意味着，教育工作者不仅要解决学生的思想道德认知问题，还要关注信念和行为的形成。大数据的应用可以极大地协助教育工作者全面观察学生在实际生活中的道德行为，促进学生从认知到行为的转变。例如，大数据可以捕捉和分析学生的行为习惯、生活方式等，为教育提供实时反馈，预测学生行为，从而实现"知行合一"。

具体而言，大数据技术通过分析学生行为数据，如参与活动的频率、行为间的关联度等，探寻行为与认知之间的联系，检验德育的实际效果。这种技术使得德育工作可以不仅仅停留在理论教学上，而是深入到学生的日常生活中，实现德育的生活化、常态化。通过数据化的方法，教育工作者可以及时发现并纠正学生的不良行为，引导他们养成良好的生活习惯和行为规范。

例如，大数据可以用于分析学生的消费行为、社交活动和学习习惯，帮助教育者对学生进行更细致的引导和支持。同时，通过对学生日常行为的持续监测，教育者能

够在学生行为出现异常时及时介入，通过教育和指导帮助学生调整，从而在学生的日常生活中实现德育目标。

总之，利用大数据技术可以帮助教育者从学生的真实行为出发，将理论教育与实践行为紧密结合，促进学生的全面发展。这不仅有助于提升教育的实效性，也能使德育更加人性化和精准化，确保每位学生都能在现实生活中实践和体验所学的思想道德理论。

（三）基于大数据创建实践育人新模式

实践教育在大数据时代显得尤为重要，被视为结合传统"第一课堂"的理论学习与"第二课堂"的实践活动的关键方式，同时也是推动创新创业教育发展的必然趋势。随着大数据、人工智能和5G等技术的快速发展，更先进的教育方式如虚拟现实（VR）沉浸式教育逐渐成为可能，这些技术不仅可以实现多人同步、实时互动，还可以让学生完全沉浸于模拟的道德教育场景中。

大学生日常德育应利用大数据和人工智能技术，通过模拟各种道德和生活场景，创设互动模式和教育情境，促进体验式和感受性的学习。例如，可以利用多媒体技术结合文字、声音、图像、视频等元素，设计具体的历史、社会或道德情境，让学生在真实模拟的环境中进行亲身体验和理解。

通过大数据和虚拟现实技术，教育者可以设计针对性强的教育活动，比如创建道德情境虚拟实验室，让学生在可控制的环境中重复实践和训练。这种方式不仅加深学生对问题的理解，还通过系统的智能反馈帮助学生识别和改正自身的不足，从而促进理论知识向实践能力的转变。

综上所述，大数据技术为大学生德育提供了全新的教育路径和手段。通过创造生动的教育场景和实践机会，教育工作者能够更有效地引导学生将理论知识转化为实际行动，真正实现知行合一的教育目标。这种方法不仅促进学生的道德和认知发展，还有助于提升他们处理复杂社会问题的能力，最终达到优化知识结构、提升实战技能和全面提高综合素质的目的。

五、大数据推动高校德育向供给侧发力转变

在新时期的背景下，高校面临着满足大学生不断增长的多元和高级发展需求的挑战。目前，教育供给与学生需求之间的不匹配问题显得尤为明显。一方面，现有的教

育资源无法满足所有学生的需求；另一方面，教育内容和方法常常无法精确对应学生的具体需求，有时甚至供给超出需求，导致一些教育内容与学生的实际需求脱节。

（一）供给侧发力的含义

在 2015 年 11 月，习近平总书记在中央财经领导小组第十一次会议上首次提出了"供给侧结构性改革"的重要概念，并在之后的省部级主要领导干部学习党的十八届五中全会精神的专题研讨班上进一步阐释，强调通过解放和发展社会生产力，采用改革的方式进行结构调整，削减低效与低端供给，同时扩展有效与中高端供给，从而增强供给结构的适应性和灵活性，提升全要素生产率。这一改革旨在通过提高供给的质量与效率，以满足市场的新需求。

至 2016 年 3 月，教育部部长袁贵仁已明确要求推动教育领域的供给侧结构性改革。特别是在高校德育领域，面对不同学生的需求，供给内容和方式应更具针对性和广泛覆盖性，全面提供所需的教育服务。供给侧结构性改革不仅为大学生日常的德育提供了新的思路，也要求教育工作者在"需求侧"导向下，通过提高供给能力和质量，激发内生动力，提升教育的适应性和灵活性。

高校思想政治工作质量提升工程实施纲要于 2017 年指出，教育工作者应坚持问题导向，注重精准施策，分类指导，因材施教，以解决工作中的不平衡不充分问题，增强学生的获得感。大学生德育供给侧结构性改革涉及三个关键方面：问题导向，目标导向和需求导向。这要求教育者不仅要提升教育的吸引力和绩效，还需尊重学生的实际需求，深入分析其思想、价值取向及行为模式，实现教育的目标与内容与学生需求的有效对接。

（二）基于大数据提升教育主体供给能力

德育工作者是德育活动的核心，负责在德育过程中发挥关键作用。提升德育工作者的素质，充分发挥他们在德育中的作用，是德育成功的基础。供给主体在教育供给中居于核心地位。为了从需求侧适应转向供给侧主动发力，一方面，应当依托大数据建立起供给主体之间的耦合体系，形成多元主体协同的供给模式。通过大数据平台和数据应用系统，将高校学生事务管理的各个部门与环节串联起来，形成一个紧密的整体，促进教学、管理和服务人员之间的沟通与合作，实现有机的衔接与深度融合。

同时，基于数据驱动，构建政府、社会、学校和家庭等多元育人主体的参与机制，有效促进社会各方在育人过程中的协同作用，实现教育资源的协同共治与优势互补。另一方面，应利用大数据提高供给主体的综合素质和教学能力。教育工作者需利用大数据优化教学思维、方法和教育载体，以提升教育的效果。例如，通过大数据加强对高校思政教师的职业培训，提高教育者的理论素养、知识储备和信息技术应用能力；利用大数据优化教育资源的整合能力。

教育工作者应充分利用大数据技术的特点——信息量大、互动平等、信息更新迅速、跨越时空——来收集、筛选和整合来自各种平台的海量数据信息，挖掘与日常思政教育目标和内容相符的信息，并进行优化整合，从而增强教育的时代感和吸引力。

（三）基于大数据提升教育供给质量

大学生日常德育供给侧的核心任务是提升教育供给的质量，确保教育内容和服务既符合学生的习惯和需求，又具有高品质、层次分明和形式多样。目前，大学生德育的部分内容存在滞后、重复问题，缺乏与学生求新求异的认知特征相匹配的现实性，因此难以引发学生的情感共鸣。此外，尽管与大学生日常德育相关的教育资源非常丰富，但往往缺乏系统的整合和知识点之间的逻辑关联，导致学生的学习体验呈现出片面和碎片化的状态。

供给侧结构性改革理论强调，高校德育工作者应提供一个优质且多元的德育资源"菜单"，激发学生对高品质德育产品的自觉追求。高校应利用大数据技术重新构建学习资源的组织方式，推动教育内容的创新，增强供给内容的价值密度和覆盖范围，通过优化增量资源和活化现有资源，实现供给内容的高质量和多维度发展，为学生提供引导性强、质量高的教育精品。

在供给侧，我们需要集中力量解决学生迫切需要的思政内容，消除薄弱环节，提升思政工作的实效性和影响力。同时，应根据需求的变化，减少吸引力不足的活动，整合重复活动，不断优化日常德育的结构体系，确保德育的供给与学生的成长需求更好地衔接，形成一个多样化、可选择的德育新局面。

首先，应利用大数据的快捷性促进数据和信息的关联转化，与日常思政教育工作深度对接，缩短从思政研究到教学内容调整的周期，创建最新最适宜的教育内容。其次，利用大数据深度整合和优化大学生日常德育的资源和内容，推进教育服务供给的个性化、细致化和精准化。教育工作者可以从海量资源中筛选出既科学又符合时代精神的优质资源，将复杂多样的教育内容系统化，根据教育目标和学生特点，精准推送给学生。

例如，可以围绕大学生思想政治素养提升的核心主题，将相关的文本、图片、视频、演示等资源链接到知识地图的相应知识点下，构建一个日常德育理论学习的资源库，使学生能够直观地获得所需资源。最后，教育工作者应利用大数据实时追踪和预测学生的潜在需求，提供更高级的教育"产品"，引导或培养学生对这些产品的需求，增强日常德育供给侧的引导力。例如，结合学生对网络新闻的关注，增加对社会热点和民生问题的深入解读，既满足学生的关注，又进行方向性的引导。总之，高校应利用丰富多样的数据信息资源，改善大学生日常德育的单一性和枯燥性，更好地契合时代和舆论热点，解决实际问题。

（四）基于大数据优化与创新教育供给方式

教育供给方式的科学性直接影响教育效果。大学生日常德育需要针对教育目标、对象和内容精准选择和调整供给方式，实现因人、因类供给，推动供给方式的多样化、层次化和科学化。在大数据应用的背景下，高校应充分利用大数据技术和智能化手段，实现德育内容的模块化、信息化和集约化供给，采用主动推送和智能推荐的方法。

高校应"根据事、时、势进行供给，实现个性化定制和科学供给"，针对学生的教育背景、个性特征和兴趣爱好，提供一体化、多样化、高效灵活的信息服务，确保教育供给的精准性和实时性。当代大学生广泛使用微博、微信、短视频等视觉中心的新媒体平台，因此，高校需要利用大数据构建平台，丰富教育载体，创新教育形式，以最合适的新媒体技术呈现引人入胜的德育内容，提升德育的吸引力。

应通过生动的作品形象展示肯定和反对的内容。具体到教育实践中，教育工作者可以利用大数据和人工智能创设教育情境，开发微课、慕课等灵活多样的授课形式。例如，可以通过制作内容丰富、主题明确的微故事、微视频，将广泛的叙事具体化为具体的人物、事件和物品，使理论体系和价值观念直观化和可视化。此外，教育工作者应利用大数据推动德育资源向图像化转变，通过新媒体和自媒体平台，如微信公众号，将复杂的理论、学生关心的问题以图文结合、易于理解、新颖有趣的方式进行展示和传播，使大学生的日常德育更加生动和有效。

（五）基于大数据优化教育供给结构

基于大数据的供给侧结构性改革不仅仅是技术革新，更涵盖了模式和流程的全面优化与变革。这种改革的核心在于"优化结构"，针对大学生日常德育中存在的总量性与结构性问题，迫切需要通过结构转型和升级来进行改革。对于大学生的日常思想政治工作，这意味着需要从供给侧着手，确保教育主体、内容、手段及载体等要素的系统衔接与有效配合，共同推行创新策略，构建高效的德育模式。

大学生日常德育的关键在于利用大数据技术从供给侧调整结构，通过优化人员、场所、资源和管理等要素的配置，实现这些育人要素的有效整合和高效应用。这样可以增强供给要素对需求变化的适应性和灵活性，提高日常德育的整体效能。因此，高校需要借助大数据技术加强教育队伍的建设，优化队伍结构，并在组织配置上精准发力。例如，可以建立一个日常德育工作者的大数据人才库，通过大数据精确识别大学生个体和群体的特征，从而有针对性地组建不同的教育团队，以满足具体学生的需求。

教育工作者应利用大数据把握关键时间节点进行精准推送，以及在教育时机上进行精准发力。通过大数据的动态跟踪功能，教育工作者可以精准把握学生需求的新规律和趋势，随时调整教育内容、方式和方法，以适应学生思想、需求和兴趣的变化，从而提升教育供给结构的动态性和主动性，最大限度地满足学生的多样化和个性化发展需求。

推进大学生日常德育从需求侧适应向供给侧发力的转变，核心在于从需求侧出发，从供给侧入手，通过改进供给理念、提升供给质量、优化供给结构，进一步提升教育供给体系对学生需求的适配性。这种转变涉及几个关键问题。

（1）"供给侧发力"并不意味着忽视需求侧的重要性，而是寻求供需平衡，确保教育供给与学生需求关系的协调统一。

（2）"供给侧发力"不是简单迎合学生各类需求，而是从宏观角度出发，实现教育供给的创新升级，为教育质量的提高和效率提升提供持续动力。

（3）在马克思主义理论视角下，满足现有需求的同时，教育供给侧应具备引导力，促进学生向更高层次需求发展，实现需求和供给的动态平衡。

这种基于大数据的供给侧结构性改革，旨在通过优质供给引导大学生超越当前的思想水平，达到新的教育目标，形成一个健康、高效的教育供需动态平衡系统。

第三节　德育活动的多样化

当前，高校德育活动通常包括道德讲座、主题教育、社会实践等形式。这些活动在传统上侧重于理论教育和集体活动，较少涉及学生个性化需求和实际应用。然而，这种"一刀切"的方式已经逐渐显示出局限性，例如学生参与度不高、活动形式单一、内容与学生实际需求脱节等问题，这些都影响了德育教育的发挥。

鉴于这些问题，探究德育活动的多样化显得尤为必要。多样化的德育活动可以提供更广泛的选择，更好地适应不同学生的兴趣和需求，更有效地促进学生的全面发展。通过实施多样化的德育活动，不仅可以提高学生的参与度和满意度，还可以增强德育的实际效果，使之更贴近学生的生活和未来的社会实践。因此，研究德育活动的多样化不仅具有理论上的探索价值，也具有实践中的应用意义，有助于推动高校德育工作的创新与改进。

一、德育活动的传统模式

德育活动在高校中采用多种传统形式，以培养学生的道德意识和责任感。这些传统模式虽然历经时间考验，但在面对当代学生多样化的需求时显示出一定的局限性。

（一）讲座与研讨会

讲座和研讨会作为高校德育活动中的传统形式和基础形式，扮演着至关重要的角色，主要通过专家学者或教师的演讲来向学生传递深刻的道德观和价值观念。这类活动通常涵盖诸如道德哲学、伦理决策、社会责任等广泛主题，不仅仅旨在提供信息，更重要的是激发学生对这些重要问题的深入思考，以帮助他们在复杂的社会环境中形成坚实而正确的价值观。

讲座通常采取较为正式的设置，讲者通过详尽的准备和精心的演讲，向学生传授相关的道德理论和实际应用。例如，通过分析历史事件或当前新闻中的道德决策，讲座能够使学生理解理论知识与现实世界的联系。尽管讲座在提供系统性知识方面极为有效，但其形式较为单一，可能限制了学生的参与感和互动性。

相较之下，研讨会则提供了一个更开放的平台，强调互动和参与。在研讨会中，学生有机会直接与讲者或其他学生交流思想，共同探讨道德问题。通过小组讨论、案例分析和角色扮演等活动，研讨会鼓励学生不仅仅接受道德知识，更重要的是学会如何应用这些知识来分析和解决实际问题。这种互动性极大地增强了学生的批判性思维能力和道德判断力。

然而，尽管讲座和研讨会在理论教育方面具有显著效果，但这些形式往往侧重于知识的传递，可能缺乏足够的实践环节。这种缺陷可能导致学生在理解和接受道德知识后，难以将其有效地应用于解决现实生活中的道德困境。因此，为了增强这些活动的实用性和影响力，高校需要探索将更多实践元素融入讲座和研讨会中，如模拟实践、实地调查和社会参与等项目，从而帮助学生更好地将道德教育融入他们的日常生活和未来职业中。

（二）主题教育

主题教育在高校德育中起到了将道德教育与具体历史和文化事件联系起来的作用，通过围绕特定的节日或纪念日的庆祝和纪念活动来增强教育的时效性和相关性。例如，在抗战胜利日这样的纪念日举办的活动不仅让学生们重温历史，更通过各种方式深化了他们的爱国主义教育。同样，世界环境日等主题活动则利用讲座、研讨和实际参与环保项目的机会，增强学生的环保意识，并推动他们对可持续发展的实际贡献。

这类主题教育通常通过组织庆典、影片放映、讲故事、展览等形式，使学生能够在共享的文化和历史记忆中理解和吸收道德教育的内容。通过这种形式的活动，学生不仅学习到道德和伦理的知识，还能够感受到与之相关的情感，这是单纯课堂教育难以达到的效果。

然而，这种教育模式也存在其局限性。由于过度强调形式化和仪式化，这类活动可能无法深入学生的内心世界，从而影响德育的长期效果。仪式和庆典往往注重表达和展示，而较少涉及学生的个人反思和深入讨论，可能导致学生对活动的内容感到疏远或仅将其视为一次性事件，而非生活和学习的一部分。

为了克服这些局限，高校可以探索将这些主题教育与学生的实际生活和未来职业规划更紧密地结合起来。例如，可以在活动中加入更多的互动环节，如辩论、角色扮演和小组讨论等，以增加学生的参与感。此外，高校还可以鼓励学生在活动后撰写反思报告或进行社会实践，将学到的知识和感受应用于实际生活中，从而提高德育的持久影响。

（三）志愿与社会服务

志愿服务和社会实践活动在高校德育中起到至关重要的作用，它们为学生提供了将理论知识转化为实际行动的机会。通过参与社区服务、环保项目、公益活动等，学生不仅能够亲身体验社会服务的实际操作，而且能够在真实的社会环境中学习和实践道德行为。这种实践活动促使学生理解和感受到自己的行为如何直接影响他人和社会，从而有效地将抽象的道德概念转化为具体的、有意义的个人行动。

此外，这类活动通过让学生面对真实的社会问题，增强了他们的社会责任感和道德意识。例如，参与环保项目可以让学生直接参与到自然保护行动中，体会到维护环境的紧迫性和自己行动的重要性；通过参与为低收入家庭儿童提供教育支持的项目，学生可以更深刻地理解社会不平等问题，并通过实际行动尝试解决这些问题。

然而，志愿服务和社会实践的教育效果在很大程度上依赖于项目的设计、组织和执行质量。一个良好设计的项目不仅需要有明确的目标和结构，还需要有适当的指导和支持，以确保学生可以在活动中学到有用的技能和知识，同时确保他们的安全和福祉。此外，学生的参与度也极为关键，积极参与的学生更有可能从这些经历中获得深刻的学习和成长。

为了提高这些活动的效果，高校可以采取多种措施来优化志愿服务和社会实践项目。首先，可以通过预先培训和持续的辅导来准备学生面对实践中可能遇到的挑战。其次，学校可以与社区组织、非政府组织和其他机构合作，开发更多具有挑战性和教育性的项目。最后，引入反思和评估环节也很重要，学生通过写作反思日志或参加讨论会来回顾和深化他们的实践经验，这不仅有助于巩固学习成果，还能促进学生对自己行为的深刻反思。

总体而言，这些传统的德育活动模式在传播道德和价值观念方面扮演了基础角色，但也需要根据当代大学生的特点和需求进行相应的调整和创新，以提高活动的吸引力和教育效果。

二、德育活动的多样化需求

随着时代的发展，高校德育面临新的挑战和需求，尤其是在活动形式和内容的多样化方面。这一需求的变化主要受到学生个性化需求的多样性、社会环境的多元化以及技术进步的持续推动三个方面的影响。

（一）学生需求的变化

在信息时代背景下，当代大学生展现出了前所未有的多样性和个性化需求。这一代学生在信息化、全球化的环境中成长，接触到的文化、价值观念和信息种类远比以往任何时代都要广泛。他们在日常生活中习惯于快速获取和处理信息，同时也更加习惯于多样化和自定义的服务。这种背景塑造了他们对教育内容和形式的独特期望，尤其是在德育活动中，他们不仅期望获得知识的传授，更希望能通过活动获得表达个人身份、探索个人兴趣和价值观的机会。

当代学生强烈希望德育活动能够提供更多的互动性和参与感，他们倾向于通过实践、讨论和体验来学习和内化道德价值。因此，传统的讲授式教育模式已无法完全满足他们的需求。这一点对高校德育的策略和方法提出了新的挑战，需要教育者在设计德育活动时考虑如何结合互动技术、团队协作和项目基础学习等元素，从而提升学生的学习动力和教育效果。

为适应这种变化，德育活动需要从单一的讲授模式转向更加多元化和互动化的方向。例如，通过实时互动式的在线讨论平台，学生可以在讲座进行时即时提出问题和观点，与讲者和同学即时互动。此外，案例研究、角色扮演和模拟决策游戏等方法也可以有效地提高学生的参与度，使他们在分析和解决道德问题的过程中学得更多。通过这些方式，德育活动不仅能够传授道德知识，更能成为培养学生批判性思维、沟通技能和社会责任感的平台。

总之，为了满足当代大学生的个性化和多样化需求，高校必须对德育活动的内容和形式进行创新和调整，使之更具互动性和参与性，从而更有效地引导学生形成积极健康的价值观和行为准则。

（二）社会环境的影响

在全球化加速和文化多样性增加的当代社会，德育活动的形式和内容受到了显著的社会环境影响。这种多元化的社会环境要求高校德育不仅要传承传统的道德价值观，同时也需要包容和理解多元文化下的价值差异和社会观念。

1. 适应文化多样性

现代社会的文化交融提供了一个复杂但充满机遇的背景，使得德育活动可以利用这种多样性来丰富教育内容和形式。高校可以通过引入不同文化背景下的案例研究，讨论全球视角下的道德议题，如公正贸易、环境保护、人权等，以此帮助学生理解并评估不同文化和社会背景下的道德行为和决策。通过这样的活动，学生能够开阔视野，建立起更加全面和国际化的道德观念。

2. 反映社会变迁

随着社会的快速变化，公众对道德和责任感的期待也在不断增进。德育活动必须灵活应对这些变化，及时更新教育内容以反映当前的社会需求和挑战。例如，随着科技的发展，涉及隐私、数据保护和人工智能伦理的道德问题日益突出，德育课程需要加入这些内容，帮助学生在新兴技术领域形成正确的道德判断和责任感。

3. 促进社会融合

德育活动还应鼓励学生批判性地思考并参与到社会融合和共享价值的构建中。在多元文化的背景下，德育应当促进不同文化和社会群体之间的理解和尊重，通过教育减少偏见和歧视，增强社会的整体和谐。例如，可以通过多元文化节庆活动、国际学生的文化交流会等方式，让学生在实际互动中感受和学习不同文化的独特价值和美德。

总之，社会环境的多元化对德育活动提出了更高的要求，德育不仅要教育学生遵守普遍的道德规范，更要教育他们如何在全球化和多元化的环境中做出合理的道德选择，培养能够跨文化交流和合作的全球公民。

（三）技术进步的驱动

在当代社会，信息技术的飞速发展极大地推动了德育活动的多样化和个性化，开启了新的教育模式和实践方式。互联网、移动通信和多媒体技术的广泛应用，使得德育活动能够突破传统的时间和空间限制，为学生提供更加灵活和互动的学习体验。

1. 在线平台的应用

在线教育平台使德育活动得以跨越地理界限，为全球范围内的学生提供随时可访问的教育资源。通过这些平台，德育课程不再局限于传统的课堂教学，而是可以通过网络教学、互动讨论和实时反馈等形式进行，极大地提高了教育的可达性和参与性。例如，学生可以通过在线课程学习不同文化的道德观念，通过虚拟研讨会与世界各地的学者和同学交流思想。

2. 虚拟现实和增强现实技术

虚拟现实（VR）和增强现实（AR）技术为德育带来了沉浸式学习体验，使学生能够通过模拟环境来体验和分析复杂的道德困境和社会问题。这些技术通过创造逼真的虚拟场景，使学生仿佛身临其境地处理各种社会、环保或伦理问题，从而加深对问题的理解并练习决策技能。例如，通过VR模拟一个环境污染的场景，让学生探索如何做出环保的决策。

3. 社交媒体的影响

社交媒体平台为德育活动提供了一个新的传播和讨论道德问题的场所。这些平台不仅促进了价值观的传播和交流，还允许学生参与更广泛的社会道德讨论中。通过社交媒体，德育可以融入日常对话和实时事件中，使道德教育与学生的实际生活紧密相关联。此外，社交媒体还提供了一种监测和分析公众对道德议题反应的工具，帮助教育者调整和优化德育策略。

4. 数据分析的应用

现代技术提供的数据分析工具使得教育者能够更精确地捕捉学生的学习行为和反馈，从而有针对性地调整教育内容和方法。通过分析学生在在线课程中的互动数据、完成情况和反馈，教育者可以更好地理解学生的学习需求和兴趣，进而提供更个性化的学习资源和指导。

综上所述，德育活动的多样化需求是由学生的个性化需求、社会环境的多元化以及技术进步共同推动的，高校在设计和实施德育活动时，应充分考虑这些因素，以确保德育活动的时代性和有效性。

三、实施德育活动的多样化策略

为了满足现代大学生的多样化需求，德育活动需采取创新的方法和策略，以提升其吸引力和效果。以下是几种实施德育活动的多样化策略：

（一）跨学科整合

跨学科整合在德育活动中的应用是一种创新的教育策略，它通过融合不同学科的知识和方法来丰富和深化德育教育的内容和形式。这种整合不仅帮助学生建立起更全面的知识体系，而且促进了他们在实际问题解决中的批判性思维和创造性思考。

1. 文学与德育

通过结合文学，德育课程可以利用文学作品中的复杂人物和情节来探讨道德冲突和人物行为的动机。文学作品提供了一个丰富的资源，通过故事讲述可以使道德问题生动化、具体化，这有助于学生在情感和认知层面上进行更深入的理解和共鸣。例如，通过分析《悲惨世界》中主人公的道德抉择，学生可以探讨正义与法律之间的冲突，理解在复杂社会背景下个体如何做出道德决定。

2. 心理学与德育

心理学在德育中的应用可以帮助解释和理解人们背后的心理机制，包括道德判断、决策过程以及道德行为的心理动因。通过心理学理论，学生可以学习到人类行为的多种驱动力，包括认知偏差、情感影响以及群体动力等。例如，利用科尔伯格的道德发展阶段理论，教育者可以设计活动，让学生评估不同情境下的道德选择，从而促进他们在道德认知上的成长和自我反思。

3. 社会学与德育

社会学提供了分析和理解社会结构和社会关系如何影响个人道德行为的工具。通过社会学视角，德育活动可以扩展到社会公正、权力动态、文化差异以及社会变迁等领域。例如，学生可以研究不同社会群体的道德规范如何受到其经济地位、文化背景或社会地位的影响，以及这些因素如何共同塑造社会的道德景观。

4. 综合应用

将这些学科融合到德育教育中，不仅增强了课程的多维度和深度，而且提高了学生的综合思考能力和实际应用能力。通过这种跨学科的方法，学生被鼓励从多角度分析道德问题，将理论知识应用于现实世界的复杂情境中，从而更全面地理解并实践道德理念。这种教育模式强调了理解和实践的统一，使德育不仅停留在认知的层面，而且真正转化为学生的行为和生活方式的一部分。

（二）利用数字媒体与技术

在现代教育环境中，数字技术的运用已成为增强德育活动互动性和吸引力的关键工具。通过整合在线课程、模拟情景以及数字游戏，德育教育可以变得更加灵活和生动，极大地提高学生的参与度和学习效果。

1. 在线课程的便利性

在线课程的灵活性允许学生根据自己的时间表和学习节奏来探索德育主题。这种模式支持自主学习，同时提供广泛的互动工具，如论坛、实时讨论和互评，促进学生之间的交流与合作。此外，这种格式还允许教育者实时更新课程内容，确保教学材料反映最新的社会道德问题和案例分析，使得德育教育内容始终与时俱进。

2. 模拟情景的实践性

模拟情景是一种通过创建虚拟环境来模拟现实生活中的道德困境的方法，它允许学生在没有真实后果的情况下测试他们的决策能力。这种技术可以用来演示复杂情况，如商业伦理的选择、社会公正问题或环境责任等。学生可以在这些模拟环境中扮演不同角色，从而更好地理解不同立场和决策对个人及其周围人的影响。

3. 数字游戏的交互性

开发专门的道德决策游戏是另一种创新方式，它将游戏化元素与教育内容结合起来，提高学生的学习动机和参与感。通过角色扮演游戏，学生可以置身于设定的情境中，面对一系列道德选择，必须根据自己的价值观和所学知识来作出决定。这不仅帮助他们理解道德概念，还促使他们思考这些选择的长远后果。此外，游戏提供的反馈可以帮助学生识别和理解自己的道德立场，以及需要进一步探索或加强的领域。

4. 综合应用

将这些数字工具和方法综合应用于德育教育中，可以极大地提高教育的有效性和吸引力。教育者可以通过这些工具提供一个多层次的教学环境，既包含理论学习，也包括实践操作，极大地增强了学习的动态性和实效性。此外，通过收集和分析学生在这些平台上的活动数据，教育者可以更准确地评估学生的学习进度和教育成果，进一步个性化和优化教学策略。

（三）国际化视角

在全球化迅速发展的当今世界，为学生提供国际视角的德育活动已成为提高其全球竞争力的关键策略。通过将国际元素融入德育课程，学生不仅能学习到本国的道德准则和价值观，还能理解和尊重全球多样性的文化和伦理观念。

1. 国际交流项目

组织国际交流项目可以极大地扩展学生的视野，让他们体验不同文化背景下的道德实践。通过这些项目，学生可以与来自不同国家的同龄人交流，共同参与研讨会、工作坊，甚至是社区服务项目。这种直接的交流和合作不仅有助于建立国际理解和尊重，还能促进跨文化的道德对话，帮助学生形成更为全面和包容的价值观。

2. 参与国际会议

鼓励学生参加国际会议是另一种增进国际化德育的有效方式。在这些会议中，学生可以听取世界各地专家关于道德哲学、全球伦理和国际法等议题的见解。这不仅提供了一个学习国际前沿道德问题的平台，还能激发学生对全球道德问题的兴趣和关注，增强其处理国际事务的能力。

3. 海外志愿服务

参与海外志愿服务项目让学生在实践中学习和应用道德知识。通过在不同的文化环境中服务，学生可以直接观察和学习如何在不同的社会和文化背景下应用道德原则。这种经历不仅加深了对全球社会责任的理解，也是个人成长和道德实践的宝贵机会。

4. 留学生和国际学者的贡献

利用在校留学生和国际学者的经验和知识是增强德育课程国际视角的另一有效途径。通过组织跨文化研讨小组、讲座和互动讨论，本土学生可以从这些国际成员的视角了解不同的文化如何影响道德判断和行为准则。这种直接的文化交流和知识分享有助于培养学生的全球意识和跨文化沟通能力。

　　综上所述，通过引入国际化视角，德育活动不仅能够帮助学生发展成为具有全球视野的公民，还能够促进他们在复杂多变的国际环境中做出负责任的道德决策。这种教育方式不仅提升了他们的个人能力，也为他们未来在全球化世界中的成功打下了坚实的基础。

第五章 德育教育内容的创新

德育内容涵盖了在特定社会历史条件下，为达成既定德育目标，针对教育对象在政治、思想、道德、法纪和心理等方面的教育。它涉及用何种世界观、人生观和价值观来教育和培养年轻一代，直接体现和具体化德育目标。现代学校的德育内容体系根据现代德育目标而设，旨在帮助受教育者形成一定的道德行为规范和政治、思想、法纪观念及其思想体系，这是实现现代学校德育目标的关键支撑。

在教育现代化的进程中，不断丰富和完善现代学校德育内容体系成为提升学生整体素质的迫切需求。这需要根据学生在不同教育阶段的身心发展特点、知识水平、接受能力、思想实际以及社会发展的需求来确定德育的重点和各个层面的教育内容。采取因材施教和因势利导的教育策略，区分不同对象，整体推进。

现代学校德育内容的充实应涵盖多个领域，不仅包括具有新时代特色的理想信念教育、爱国主义教育和道德伦理教育，还应涵盖体现创新精神的教育内容；此外，还应包括法治意识、心理健康和艺术素养等教育领域，以及大力弘扬中华民族的优秀传统文化。通过这种全面而系统的方式，形成一套科学、系统、规范的现代学校德育内容体系，推动现代学校德育工作及教育现代化的科学化和系统化发展。

第一节 德育教育内容的现代化

在当前全球化和信息化迅速发展的背景下，高校德育面临着前所未有的挑战和机遇。随着社会价值观的多样化和技术进步的加速，传统的德育教育内容亟须适应这些变化，以便有效地培养适应 21 世纪需求的全面发展的学生。因此，对于高校而言，推动德育教育内容的现代化变得尤为重要。德育教育内容的现代化并不是要舍弃传统的内容，而是要在传统内容基础上进行创造，使之适应当代高校发展的需求。

一、现代高校德育内容的核心是思想道德教育

培养何种人才、如何培养人才，是我国社会主义教育事业发展的核心问题，同时也是当前教育现代化所面临的重要挑战。要充分利用教育现代化的优势，培养出合格的中国特色社会主义建设者和可靠的接班人，必须不断强化思想道德教育。只有通过有效的思想道德教育，才能确保党和人民的事业得以长远稳定发展。因此，我们应在思想道德教育中特别强调理想信念教育、爱国主义教育和道德伦理教育。

（一）理想信念教育

理想信念是指导政党治国理政的旗帜，也是激励民族奋进的灯塔和青年奋斗的动力。它构成了人生的精神支柱，是当代青少年实现个人潜能的关键力量。在现代学校体系中加强青少年的理想信念教育是德育的核心内容，也是新时代加强和改进未成年人思想道德建设的客观需求。这不仅是为了培养能够胜任中国特色社会主义事业的全面发展人才，也是响应社会发展趋势和大学生身心成长需要的内在要求，对青少年的健康成长具有极其重要的影响。特别是对于高中和大学阶段的学生，这一时期是形成世界观、人生观和价值观的关键时期，也是种下理想和信念的黄金时代。充满对崇高理想信念的向往和追求，期待一个闪光和充实人生的渴望，是处在人生新起点的青年学生的宝贵品质。伟大事业的建设者必须首先具有伟大的志向。青年学生如果拥有坚定的理想信念，在追求成才的过程中，将激发出强烈的进取心和不屈不挠的精神，这将支撑和激励他们不管是顺境还是逆境，都坚定不移地追求自己的目标。

在教育现代化的进程中，将理想信念教育作为现代学校德育的核心内容，是培养学生正确的世界观、人生观和价值观的关键。不同的理想信念反映了不同的思想政治素养，展现了不同的世界观、人生观和价值观。在当代中国，理想信念教育的目的是让学生正确理解世界观的本质和核心，即对人类社会发展规律的认识；正确理解人生观的本质和核心，即人究竟为什么而活、怎样生活才有意义；以及正确理解价值观的本质和核心，即人怎样活着才有价值。这些教育内容对于青少年学生的健康成长和全面发展具有指导性和决定性意义。

（二）爱国主义教育

爱国主义教育是塑造中华民族精神的核心要素。历经五千年的发展历程，中华民族已形成了以爱国主义为核心的民族精神，包括团结统一、爱好和平、勤劳勇敢和自强不息等特质。爱国主义不仅是国家和民族凝聚力的重要基础，也是推动社会持续进步的关键动力。中国人民一直保持着对自由的热爱和进步的追求，并深刻尊崇那些为民族尊严和国家主权而斗争的英雄人物。这种情感已经成为我们民族性格中的宝贵部分。

爱国主义作为中华民族精神的核心，是中华民族长期以来生生不息、不断发展壮大的重要精神动力。它不仅滋养了民族精神的形成，还为这些精神的发展和彰显提供了持续的激励力量和明确的方向。

在教育现代化的背景下，爱国主义教育应当科学地理解爱国主义的深层含义。爱国主义是结合了情感、思想和行为的社会意识形态，代表着人民对祖国的深厚感情和对民族、社会心理的高尚道德情感。爱国主义不仅包括爱家乡、爱人民和爱国家的情感，也体现在对基本道德规范和政治原则的遵守上。爱国主义在中华民族的精神文化中占据核心地位，是推动国家发展和社会进步的强大力量。

当前，在全面建成小康社会和社会主义现代化建设的过程中，我们需要积极弘扬爱国主义精神，以此凝聚和动员全民族的力量，团结一致迎接新的社会发展挑战。我们应当教育人民，尤其是年轻一代，增强民族自豪感和责任感，大力培养和提升爱国奉献精神。通过教育，我们要让每个人都将个人的命运与国家的前途紧密联系起来，为推动中国特色社会主义的伟大事业和中华民族的伟大复兴作出应有的贡献。

爱国主义教育在新时代应该适应其时代特征，认识到爱国主义的广泛性、科学性和民族性。爱国主义作为一个历史范畴，在不同的历史阶段具有不同的内涵。在当前的社会主义建设中，爱国主义应当发展广泛的统一战线，凝聚所有可以团结的力量，坚持爱国主义与社会主义的统一。我们应当继承和弘扬中华民族的优秀传统，同时学习世界各国的文明成就，以实现国家的全面发展和强盛。

（三）道德伦理教育

道德伦理教育构成了学校德育的基本组成部分。道德伦理规范是调控社会关系的基础性框架，通过教育这一层面的广泛实施，能够有效培养学生的社会责任感，从而推动社会主义现代化进程。在教育现代化的大背景下，应当着重强调社会公德、职业道德、家庭美德以及公民基本道德规范教育。

社会公德教育是开展道德伦理教育不可或缺的一部分。社会道德规范旨在维护正常的公共生活秩序，是所有社会成员必须共同遵守的基本道德准则。这些规范在改善人际关系和形成良好的社会风气中起到了关键作用。在社会公德教育中，应特别强调诚实守信的重要性，教育学生认识到诚实守信的现实重要性，并加强诚信道德品质的培养。学校德育应将诚实守信教育放在重要位置，全面加深学生对诚实守信的理解，帮助学生将诚信内化为心理品质并外化为实际行动。

职业道德和家庭美德教育同样是道德伦理教育的重要组成部分。职业道德关注从业人员在职业生涯中应遵循的行为规范，涉及个人与服务对象、同行和职业之间的道德关系。良好的职业道德不仅是成功职业生涯的推动力，也是科技进步和社会发展的需求。学校德育应引导学生正确认识个人与国家、集体的关系，教育他们爱岗敬业、诚实守信，并弘扬高尚的职业道德观。此外，美好的人际关系和和谐的家庭生活对事业成功有着直接的影响，教育系统应培养学生在恋爱、家庭和社会关系中恪守道德和法律规范，促进其健康和谐地成长。

公民基本道德规范教育是推动社会伦理道德建设的关键。根据中共中央发布的《公民道德建设实施纲要》，强调了"爱国守法、明礼诚信、团结友善、勤俭自强、敬业奉献"等基本道德规范，旨在加强公民的道德教育，明确法律义务与道德责任，从而提高全体公民的道德素质，改善社会风气，推进文明建设。学校德育应引导学生从合格的公民做起，认真实践这些基本道德规范，培养文明行为习惯，逐步成长为合格的建设者和接班人。

二、高校德育应积极引导行为规范认识

在社会中，人们的互动构成了一个复杂的关系网络，这需要一种力量来维护和调控这些社会成员之间的关系。行为规范起到了指导和约束社会成员行为的作用，让每个人都明白在社会中什么是可以做的、什么是不可以做的以及应该如何做，从而确保社会能够按照一定的秩序顺畅运行。这些行为规范体现了国家和社会对学生道德修养和文明行为的基本要求。在现代教育背景下，学校德育的一项重要任务就是引导学生

形成符合国家和社会需求的行为规范。

（一）法治意识教育

在当代中国，法治已成为国家治理的基本方式，对国家治理和社会管理起着至关重要的作用。历来，党和政府都非常重视对学生的法治意识教育。这种教育的目的是倡导法治精神，确认法律的权威性和至上性，强调社会主要依靠法律制度来规范和调节，培养对法律的信仰。法治意识教育应该强调培养学生的"法律至上"观念，加强学生对法律权威的认同，使学生的法律意识内化为自己的意志和信念。这不仅仅是增强学生遵守法律的自觉性，也是将遵法转化为一种内心的道德义务，使学生从内心深处接受自觉遵守法律的重要性。

法治意识教育还必须强调公民教育。公民教育的核心是培养具有民族精神的良好公民，强调权利和义务的教育，并培养高度的公民意识。公民是国家的根基，公民教育对于个人的全面发展和社会的进步具有决定性作用。通过公民教育，学生不仅学会认识和行使自己的权利，也学会承担相应的社会义务，增强对法律的尊重和信仰，提高对社会的认同感，培养自觉遵守法律的精神。

通过这些教育措施，学校德育不仅帮助学生理解和遵守现有的法律规范，更能培养他们成为能够在社会中积极行动、有责任感的公民。

（二）心理健康教育

心理健康是人的整体健康的重要组成部分，被世界卫生组织（WHO）定义为不仅包含身体健康和社会适应良好，还包括心理健康和道德健康的全面状态。心理健康标准包括智力的正常发展、情绪和情感的稳定性、坚定的意志力与自制力、和谐的人际关系、适当的反应力、自我接纳以及心理行为与年龄特征相符合等方面。

作为培养未来社会成员的关键场所，学校在教育现代化的推进中，承担了开展心理健康教育的必要任务。到目前为止，全国各级学校已普遍实施心理健康教育，这种教育旨在向学生提供心理健康知识、心理咨询以及良好行为习惯的培养，目的是提高学生的心理素质，促进其全面人格的健全发展，并提高他们的综合素质。

心理健康教育的内容丰富多元，核心目标在于优化学生的心理素质，培养学生健康的生活方式，促进学生德智体美劳的全面发展。具体内容包括：基础的身心健康知识、预防心理疾病的教育、促进健全人格的培养、心理调适能力的训练，如挫折教育等。对于存在心理问题的学生，还应提供专业的心理咨询和辅导。

在中国当前的社会转型期，社会变革带来的种种矛盾不可避免地影响到青少年的心理状态，导致部分青少年可能出现自卑、逆反、排他和冷漠等不健康的心理状态。学校心理健康教育的目的就是在这些不健康心理状态的萌芽阶段及时进行干预，为已经表现出这些状态的学生提供适当的辅导。在实施过程中，教育者应根据不同年龄段和成长阶段的学生特点，采取适合的心理教育方法，加强心理健康知识的教育，开展培养优良心理品质的活动，以促进学生身心的全面和谐发展。

三、培育大学生社会主义核心价值观

培育社会主义核心价值观，是推进社会主义核心价值体系建设的重要举措，是现代学校德育的关键任务。通过培育社会主义核心价值观，我们不仅可以建设中华民族共有的精神家园，而且能推动形成奋发向上、崇德向善的强大社会动力。这一过程有利于实现立德树人的教育目标，全面贯彻党的教育方针，培养和造就德智体美全面发展的社会主义合格建设者和可靠接班人。

培育社会主义核心价值观是加强和改进学校德育工作的必然要求。这不仅是党的教育方针的具体体现，也是学校人才培养的根本目标。当前国内外复杂多变的形势为学校德育带来了前所未有的挑战，迫切需要社会主义核心价值观作为指引。随着社会经济成分、组织形式、就业方式、利益关系和分配方式的多元化，人们的思想活动日益显示出独立性、选择性、多变性和差异性。市场经济活动的弱点及其负面影响不可避免地对学校德育产生了影响。

网络技术的快速发展和普及，虽为学生学习和生活提供了便利，但同时也使腐朽落后的文化和有害信息通过网络传播，对学生的心灵造成了侵蚀。面对教育改革和发展中新出现的情况和问题，学校德育工作尚未完全适应，迫切需要通过价值引领来统一思想、提高认识，为学校的改革、发展和稳定提供思想保障。特别是一些大学生存在政治信仰迷茫、理想信念模糊、诚信意识淡薄、艰苦奋斗精神淡化等问题，迫切需要用社会主义核心价值观来引导学生思想意识的主流，巩固思想道德基础。

社会主义核心价值观教育应当贯穿于学校德育的全过程。我们应坚持不懈地用马克思主义中国化的最新理论成果武装师生头脑，推动师生深入学习中国特色社会主义理论体系，用这一理论体系指导客观世界和主观世界的改造，提高解决实际问题的能力。强化思想品德课和高校思想政治理论课的核心作用，不断推进师资、课程、学科建设和教学方法改革，增强课程的针对性和实效性，引导师生深化对中国特色社会主义理论体系的理解，坚定走中国特色社会主义道路的信念，引导学生树立正确的世界观、人生观、价值观。

此外，应加强日常德育，通过经常性教育让学生积极践行社会主义核心价值观。充分发挥辅导员、班主任在学生日常德育和管理工作中的作用，积极开展网络德育和廉洁教育，强化民族团结教育，确保毕业生等特殊群体的德育，充分挖掘文化资源的教育潜力，增强教育的吸引力和实效性。通过这些措施，我们可以更有效地引导学生树立和践行社会主义核心价值观，为培养全面发展的社会主义建设者和接班人提供坚实的思想和道德基础。

四、积极推进大学生创新教育

在知识经济时代，一个国家的生存和繁荣越来越依赖于其公民的创新能力，这使得创新成为国家进步和繁荣的关键驱动力。随着时代的发展，学校教育已承担起培养创新人才的重要任务，强调培养学生的创新意识和能力已成为现代德育的核心要求。

创新是推动民族复兴和国家强盛的核心力量。据美籍奥地利经济学家约瑟夫·熊彼特所说，创新意味着通过前所未有的生产要素和条件的组合来创建新的生产函数。在广泛的研究中，创新被视为在物质文明和精神文明的所有领域和层面上淘汰过时思想和事物，创造先进和有价值的新事物的过程。

中国自 20 世纪 70 年代新技术革命兴起以来，就明确了创新的重要性。邓小平强调了基于学习外国经验后的自主创新的重要性。1995 年，江泽民在全国科学技术大会上提出，创新是民族进步的灵魂和国家繁荣的动力，并指出若不提升自主创新能力，国家将难以摆脱技术落后的困境。此后，江泽民和胡锦涛都重申了创新在国家发展中的核心地位，强调理论创新和实践创新的重要性。

在当前的知识经济中，社会竞争本质上是创造力的竞争。如果缺乏创新，当代文明将无法进步。科技的快速发展和深入的科技革命要求新一代学生具备创新和学习新知识的能力。因此，创新教育和德育必须协同发展，共同培养具备创新意识、精神和能力的人才。

从德育的角度，创新教育不仅关注技术或理论的创新，也强调培养学生的政治、道德底线，确保他们在追求技术进步的同时，不失社会责任感和道德判断力。德育应通过系统的教育，帮助青少年确立科学的世界观、人生观和价值观，用马克思主义的视角分析和解决问题，推动创新活动向积极的方向发展，为社会和人民带来福祉。

第二节　道德典范与案例教学

结合道德典范和案例教学的方法，不仅能够将抽象的道德理论具体化、形象化，而且能使学生在情境中学习，通过观察和模仿道德典范的行为，更好地理解和吸收道德教育的核心内容。此方法通过引导学生在实际案例中进行批判性思考和道德决策，极大地提高了德育教学的实效性和互动性，使道德教育更加深入人心。

一、道德典范与案例教学的内涵

（一）道德典范的含义

道德典范作为德育的重要组成部分，其意义远不止于表层的道德传授。这些典范，无论是历史人物还是当代杰出个体，都通过其一言一行展示了高尚的道德标准和责任感。在高校这样一个思想活跃、价值观念多元的环境中，道德典范的行为和决策不仅为学生提供了实际客观的道德行为模式，也通过具体案例深化学生对道德问题的理解和认识。

通过研究和学习这些道德典范的生平和具体行为，学生能够看到道德理论在实际生活中的应用，从而理解道德行为背后的深层原因和长远影响。例如，课堂上讨论某个知名人士在面对诱惑和挑战时所作出的道德决策，教师可以引导学生讨论并思考在类似情境下自己可能的选择和行为后果。

更重要的是，这种教学方法能够有效激发学生的内在动机，让他们不仅仅是被动接受道德标准，而是主动探索如何将这些标准融入自己的日常生活和未来的职业生涯中。通过这种方式，道德典范教育帮助学生建立起自我反省的能力，促进他们成为既有道德感又有社会责任感的现代公民。

（二）案例教学的重要意义

案例教学在道德教育中的应用尤为有效，因为它不仅仅向学生传达道德规范，更重要的是通过具体的情境让学生亲身体验道德决策的复杂性和多维度。这种教学方式通过描述具体事件，引导学生置身其中，思考如果是他们自己将如何做出选择。这不仅帮助学生理解道德规范背后的深层理由，还激发了他们的同理心，使他们能够从多个角度分析和评估行为的道德层面。

此外，案例教学还具备强大的互动性和参与感。在讨论具体案例时，学生可以在安全的学习环境中尝试各种道德决策，对可能的道德困境进行辩论和探讨。这种方法不仅增强了学生的批判性思维能力，也促进了他们在实际生活中应用道德知识的能力。通过这样的互动，学生能够更加深入地了解和掌握道德规范，并在实际生活中更自信地做出符合道德标准的决策。

综上所述，案例教学是一种能够有效结合理论与实践、提升学生道德认知与实际应用能力的教学策略。在高校道德教育中应用案例教学，可以极大地增强道德教育的实效性和吸引力，帮助学生构建更加坚实的道德基础。

将道德典范与案例教学结合在一起，能够极大地增强德育的实效性和吸引力。通过分析道德典范的实际表现和决策过程，结合具体的教学案例，学生能够更全面地理解道德行为背后的理论基础和实践意义。这种结合不仅帮助学生构建正确的价值观，还促进了他们在面对现实生活中道德困境时做出理性和符合道德标准的选择。这对于培养能够适应社会发展需要的高素质人才具有重要的意义。

二、道德典范的作用与选择

（一）道德典范的影响力

道德典范在高校德育中扮演着至关重要的角色。通过展示高标准的道德行为和决策，道德典范为学生提供了模仿的对象，有效地塑造了学生的价值观和行为准则。当学生观察到道德典范在现实生活中的应用，他们不仅学习到了何为正确的行为，更是学会了如何在面对道德困境时做出判断。这种直观的学习过程强化了学生的道德感和责任感，使其更易于将道德理论应用于日常生活中的各种情境。

这种教育模式的有效性在于它触及学生的情感和认知两个层面。道德典范的个人故事和行为展示不仅仅是道德规范的传递，也是情感共鸣的桥梁。学生通过与这些典范的故事产生共鸣，从而在情感上与所学的道德观念建立连接，这种连接是抽象道德讲授所无法达到的。此外，道德典范的选择通常涵盖多样的背景和领域，包括科学家的诚信、政治家的公正、教育家的奉献，以及商界人士的正直，这些都极大地丰富了学生的道德视野。

通过这样的教学方式，学生不仅仅是在理论上理解什么是"好"的行为，更重要的是，他们能看到这些行为在现实世界中是如何执行的，以及这些行为对个人和社会的积极影响。这种模式强调了道德行为的实用性和现实意义，从而有效地促进了学生道德行为的内化。在这个过程中，道德典范的力量不仅仅是教导学生如何行动，更重要的是教导他们理解为何要这样行动，以及这样行动的深远意义。

（二）典范的选择标准

选择合适的道德典范对于高校德育的成效至关重要。理想的道德典范应具备无可挑剔的道德操守和显著的社会贡献。这包括但不限于诚实、正直、公正以及对社会有积极影响的行为。例如，可以选择那些在公共服务、科学研究或者教育领域作出突出贡献的人物。此外，典范的选择还应考虑其是否能引发学生的共鸣，是否具有激励学生追求高尚道德标准的潜力。

在选择道德典范时，还应确保这些典范具有广泛的认可度和可接近性，这意味着典范的行为和成就应当是公开透明和广为人知的，从而使学生能够轻易获取有关典范的信息并从中学习。道德典范应该来自学生能够理解和关联到的各种背景，包括不同的文化、经济和职业背景，以确保教育的普遍性和包容性。

此外，当选择道德典范时，不仅要考虑他们的个人成就和品质，还要评估他们的行为是否跨越文化和地域界限。例如，领导人物在处理环境、经济或社会问题时表现出的全球责任感，或者普通个体在面对危机时显示的人性光辉和牺牲精神，都是高校德育中不可或缺的教学资源。

综上所述，选择道德典范时，必须综合考虑其道德标准的高度、影响力的广度以及教育效果的深远性，这三者的共同点在于能否有效地引导学生形成正面的价值观，并激发他们成为社会的负责任成员。

（三）多样性与包容性

在多元文化的高校环境中，选择道德典范时应考虑到文化多样性和文化包容性。这意味着应当挑选那些不仅在一种文化背景下被尊重，而且在全球多种文化中都被认可的道德典范。例如，一些诺贝尔和平奖得主或国际知名的社会活动家常常是跨文化的道德典范。这样的选择不仅有助于学生理解不同文化中的共同道德价值，还促进了校园内的文化交流和相互尊重。

选择具有多样性和包容性的道德典范还有助于反映现代社会的全球性和互联性。在教育中引入这样的典范可以帮助学生认识到，尽管文化和地理背景可能不同，但许多核心的道德和伦理原则是普遍适用的。这种教育方法不仅增强了学生的全球视野，还强调了尊重和理解多样性的重要性，这对于他们将来在全球化世界中成功和谐地生活和工作至关重要。

此外，包容性在选择道德典范时也非常重要，它要求教育者认识到不同群体（如性别、种族、宗教、经济等状态）在道德讨论中的代表性。通过展示来自不同群体的道德典范，高校德育可以支持一个更加平等和正义的社会构建，确保所有学生都能在教育环境中受益。

总之，通过在道德教育中融入多样性和包容性，高校可以有效地培养学生的全球公民意识，激发他们对广泛文化和社会问题的关注和理解，从而培养出更加开明和具有责任感的未来领导者。

三、案例教学的实施方法

（一）教学案例的开发

开发教学案例是案例教学法的核心。要有效地创建道德教学案例，首先需从现实生活或历史中挖掘那些能够引起学生共鸣的实际事件或著名的道德决策情景。这些案例应呈现清晰的道德难题，能够激发学生的思考并引导他们从多角度探讨道德问题。在编写案例时，重要的是确保内容的真实性和可信度，提供充足的背景信息以帮助学生全面理解情境的复杂性。案例应设计得使学生能分析不同的道德观点，探讨其可能的后果，以此提升他们的道德判断力。此外，一个好的教学案例还应当具有引导性和开放性，不仅解决"是非"问题，更重要的是探索"为什么"，以及不同决策背后的伦理考量，从而更全面地提升学生的批判性思维和伦理分析能力。

（二）教学反馈与评价

为确保案例教学方法的有效性，重要的一环是对教学过程和结果进行细致的反馈与评价。教师可以通过多种方式收集反馈，包括问卷调查、小组讨论和个别访谈，这些反馈机制允许教师从学生的视角了解教学内容的吸引力和教学方法的效果。例如，问卷调查可以设计为对案例的相关性、互动性和教学目标达成程度的评估，而小组讨论和个别访谈则提供更深入的洞见，如学生对道德问题的个人理解和感受。

通过这些反馈，教师能够识别出哪些案例最能激发学生的兴趣和道德思考，哪些互动策略最有效，以及教学过程中可能存在的问题。此外，定期的教学活动分析是不可或缺的，它涉及评估学生在道德认知、情感反应和行为表现上的变化，这有助于教师调整课程设计，改善教学方法。

最终，有效的评价应深入探讨学生对道德概念的理解深度和广度，考察他们在面对现实生活中的复杂道德困境时，是否能够运用学到的道德原则来做出合理的判断和决策。这样的评价不仅衡量知识传授的效果，更重要的是评估学生将理论应用于实践的能力，确保道德教育的实际成效。

四、案例教学在高校德育中的应用

（一）具体案例分析

在高校德育案例教学中，纳尔逊·曼德拉的反种族隔离斗争和王选的科技创新与诚信经营等例子，提供了丰富的道德教育资源。这些案例不仅有助于学生学习如何在困难和压力下坚持自己的道德和伦理原则，还展示了个人行为对社会变革的深远影响。

例如，通过分析曼德拉在种族隔离制度下所表现的非凡勇气和坚定正义，学生可以学习到如何在面对社会不公时，保持信念并采取行动。教师可以组织学生通过角色扮演活动，模拟曼德拉与政府的谈判，让学生在扮演不同角色的过程中，体验道德决策的复杂性和多样性。

对于王选的案例，教师可以引导学生探讨在竞争激烈的商业环境中如何保持诚信，以及这种道德立场如何帮助企业和个人在长远发展中获得成功。通过小组讨论，学生可以分析王选如何通过创新和诚信建立其企业的市场信誉，以及这种行为对社会和行业的积极影响。

通过这些活动，学生不仅能够了解道德行为的重要性，还能够认识到道德决策在实际情境中的应用，从而深刻理解道德行为背后的原则和价值。这种教学方式不仅增强了学生的道德意识，也激发了他们在现实生活中应用这些原则的兴趣和能力。

（二）教育成效与挑战

道德典范案例的使用在高校德育中确实能够有效增强学生的道德认知和社会责任感。通过具体案例，学生可以直观地看到抽象道德原则在现实世界中的应用，这种案例的教学能够显著提升学生对道德行为后果的理解。例如，分析如何通过具体的行为展示诚实、勇气或公正等价值，有助于学生在遇到类似情况时做出正确的道德选择。

然而，道德典范案例教学的实施也面临一些挑战。首先，案例的选择往往带有一定的主观性，这可能导致学生对某些道德观念有偏见的理解。例如，如果过分强调某一文化或社会背景下的道德典范，可能会忽略或削弱其他文化中同样重要的道德观点。此外，在多元文化的教育环境中，不同文化背景的学生可能对同一道德行为有不同的解读和感受，这需要教师在教学中展现高度的文化敏感性和包容性。

此外，案例教学的效果在很大程度上依赖于教师的道德敏感度和教学技巧。教师需要具备深厚的道德理论基础和实际应用能力，才能有效地设计和引导道德讨论，确保教学活动不偏离道德教育的目标。教师还需要能够处理学生在讨论中可能出现的道德困惑或冲突，正确引导他们理解和评估不同的道德观点，并促使他们形成独立的道德判断。

因此，尽管道德典范案例在德育中具有显著的教育价值，其成功实施还需要教育者在案例选择、教学方法和文化适应性等方面做出精细的调整和优化。通过持续的教学实践和反馈，逐步完善教学内容和方法，可以最大限度地发挥道德案例教学在高校德育中的积极作用。

（三）持续发展的策略

要确保案例教学在高校德育中保持长期的效果和相关性，采取持续的更新和改进策略是至关重要的。随着社会的快速发展，新的道德问题和挑战不断浮现。因此，不断扩充和更新教学案例库成为保持教育内容新鲜度和深度的关键。

首先，教育者应积极跟踪最新的社会事件、科技革新、法律变化及文化演变，从中提炼出有教育意义的案例。例如，可以将环境保护、人工智能伦理问题或全球化带来的文化冲突转化为道德教育的案例。通过这种方式，学生能够与时俱进，理解并处理当代社会的实际道德问题。

其次，应鼓励教师与学生共同参与案例的开发。这不仅可以增强案例的实用性和多样性，还能提高学生的参与感和实际操作能力。学生在案例开发过程中的实际体验，可以增强他们对道德问题的认识和批判性思维能力。同时，这也有助于教师了解学生的思维方式和道德观点，从而更有效地进行教学设计。

此外，定期举办教学研讨会和教师培训是不断优化教学方法的有效手段。通过这些活动，教师可以不断提升自己的专业能力，了解最新的教学理念和教学技巧。研讨会和培训可以提供一个平台，让教师分享教学经验，讨论教学中遇到的问题，共同探索解决方案。

最后，建立有效的反馈机制是确保教育质量的重要措施。通过问卷调查、学生讨论和教学评估等方式收集反馈，教育者可以获得宝贵的信息，用以调整教学内容和方法。这种持续的评价和调整过程使道德教育既能符合时代要求，又能有效应对现实中的道德挑战，保证教育活动的长效性和适应性。

第三节　跨文化德育教育的实践

在当今日益全球化的世界中，跨文化德育教育成为高等教育体系中一个不可或缺的组成部分。跨文化德育教育是指在教育过程中融入多元文化的视角，通过比较和理解不同文化背景下的道德规范和价值观，来培养学生的全球视野和文化敏感性。这种教育不仅强调传统道德价值的传承，还包括对全球多元文化的包容和理解，旨在让学生能在全球化的环境中做出负责任的道德决策。

高校作为社会文化交流的前沿阵地，承担着培养未来全球公民的重要任务。在这个背景下，跨文化德育教育的目标是使学生能够识别和尊重不同文化中的道德多样性，增强在多元文化环境中有效交流和协作的能力。通过跨文化的德育教育，学生不仅学习到自己文化的道德观念，更重要的是学会如何评估和理解其他文化的道德标准和行为准则。这种教育方式有助于学生形成全面的道德观，并能在复杂多变的国际环境中做出恰当和敏感的道德选择。

因此，高校德育的核心目标应包括发展学生的全球竞争力，而跨文化德育教育则是实现这一目标的关键途径。通过引入跨文化的教育元素，不仅可以丰富学生的知识体系和道德视角，还可以激发他们的创新思维和批判性思考，使他们能够更好地理解和应对不断变化的全球挑战。

一、跨文化德育的核心内容

（一）重要的跨文化能力

在跨文化德育教育中，某些关键能力的培养至关重要，这些能力使学生能够在多样化的全球环境中有效地沟通和做出道德决策。首先，同理心是理解和感受他人情感的能力，它允许学生站在不同文化背景的人们的立场上考虑问题，这对于培养国际视野和文化间交流非常重要。通过发展同理心，学生能够更深刻地理解他人的行为和动机，从而在多元文化的交流中，更加敏感和周到。

其次，文化敏感性涉及对不同文化差异的敏感和认知，使学生能够适当地调整自己的行为和预期以适应多元的文化环境。这种能力的培养不仅有助于避免文化冲突，还能增强学生的交际能力，使他们在国际环境中更具适应性和竞争力。通过识别并尊重文化中的细微差别，学生可以更有效地参与到跨文化团队的合作中，实现共同的目标。

最后，尊重多样性是指认识到每种文化都有其独特价值和贡献的能力，这一点对于促进全球理解和合作尤为关键。在全球化日益加深的今天，能够欣赏和利用文化多样性的个体和组织将拥有更大的成功机会。教育系统通过培养学生尊重并庆祝文化多样性，不仅能够帮助他们发展为全球公民，还能促进社会的整体和谐与进步。尊重多样性不仅仅是认可不同，更关键的是理解并借鉴不同文化中的优秀元素，以丰富个人的经验和视野。

（二）道德价值的普遍性与特殊性

跨文化德育教育的一个关键方面是探讨道德价值的普遍性与特殊性。全球各文化中普遍认可的基本道德价值，如诚实、公正和尊重，构成了人类社会互动的基础道德框架。这些普遍价值被视为促进国际合作和理解的关键要素，它们跨越文化界限，为不同文化之间的对话提供共同的语言。

然而，尽管某些道德价值被广泛认可，不同文化对这些价值的解释和实践方式却存在显著差异。例如，在一个强调个体自由和权利的西方社会中，个人主义可能是一种高度推崇的价值，而在更加强调社群和集体福利的东方社会中，对集体利益的考虑可能会优先于个人利益。这种差异可能导致对何为"公正"或"尊重"的理解产生分歧。

此外，某些文化可能将特定的行为或习俗视为道德要求，而在其他文化中，这些习俗可能被视为不可接受或被禁止。例如，某些文化中的忠诚和尊老道德可能要求个人在决策时考虑家族或长者的意见，而在更加注重个人选择和自主的文化中，这种做法可能被视为对个人自由的限制。

通过在跨文化德育中讨论这些共享和特定的道德价值，教育者可以引导学生理解并尊重文化差异，同时探索不同文化间的共同道德基础。这不仅有助于建立全球范围内的道德对话，也促进了更深层次的全球理解和和谐共处。这样的教育实践有助于学生形成一种平衡视角，认识到在全球化世界中，维护道德多样性和共同性的重要性。

二、教学方法与策略

（一）教育活动设计

在全球化时代，跨文化德育教育已成为高等教育中的一项关键任务。为了实现这一目标，高校可以采用多样化的教学活动，从而增强学生的文化意识和道德意识。首先，多文化研讨会提供了一个宝贵的平台，使学生能够深入探讨并分享不同文化背景下的道德观念和实践。在这些研讨会中，学生不仅可以获取有关其他文化道德框架的知识，还能在小组讨论中锻炼自己的批判性思维和沟通技巧。

其次，案例研究作为教学的重要组成部分，为教师提供了一种工具，用以选取涉及跨文化背景的复杂道德决策案例。通过这种方式，学生可以在探讨具体情境下的道德决策时，学习如何分析和评估不同道德行为的潜在后果。案例研究促使学生从多角度考虑问题，理解不同文化观点如何影响道德判断。

此外，互动工作坊则提供了一个动态的学习环境，学生可以通过角色扮演和模拟决策过程直接参与到解决道德问题中来。这种方法不仅增强了学生的实践能力，还提高了他们对复杂道德情境和文化情境的敏感性和适应性。通过这些活动，学生能够在真实的或模拟的多文化环境中测试和应用他们的道德知识和技能，从而更好地准备进入全球化的工作和生活环境。

（二）教师角色与培训

在实施跨文化德育教育的过程中，教师的角色至关重要。他们不仅是知识传递者，更是塑造学生跨文化理解和道德判断能力的关键人物。为了有效履行这一角色，教师需要接受系统的专业发展培训，提升自己的跨文化教学技能。

首先，教师应参与多元文化教育和道德哲学的研讨会，这些研讨会提供了关于如何处理文化差异、促进道德讨论的实用策略和理论支持。此外，跨文化沟通技能的培训对于教师来说是不可或缺的，它帮助教师在课堂上有效地管理和衔接来自不同文化背景的学生的视角和经验。

其次，教师应被鼓励进行国际交流和文化浸入体验。这可以通过访问具有不同教育系统和文化背景的国家实现，或通过与国际同行的合作和交流项目参与。这样的经历不仅扩展了教师的全球视野，也使他们能够从个人经验中获得对多元文化的深刻理解。

最后，持续的教育反思也是教师专业发展的重要部分。教师应定期评估自己的教学实践，通过学生反馈、同行评议以及专业顾问的指导来调整和优化跨文化教学策略。这种持续的自我提升确保教师能够在不断变化的教育环境中保持教学效果，有效地支持学生在全球化背景下的道德和文化成长。

三、教学实施与学生互动

（一）实施跨文化德育的具体措施

有效实施跨文化德育教育需要综合考虑课程内容、教学方法以及校园文化的多样化。首先，教育机构应该在课程设计中积极融入多元文化元素，确保课程内容反映出广泛的文化视角。这可以通过包括来自不同文化背景的道德案例、理论和文献，构建一个全面的课程体系来实现。

此外，学校应当定期举办跨文化交流活动，如多文化周、国际节日庆典等，这些活动旨在通过艺术、音乐、美食等各种形式展现不同文化的独特性和共通性。这样的活动不仅加深学生的文化认识和尊重，也促进了校园内不同文化背景学生之间的理解和交流。

在日常教学中，教师应使用包括互动式多媒体、在线协作平台、虚拟现实等现代教育技术来支持教学内容的多样性和互动性。通过这些技术手段，学生可以更直观地理解不同文化中的道德观念，并在虚拟环境中模拟跨文化交流和决策过程。

最后，教育机构应当鼓励和支持教师在跨文化教育方面的专业发展，提供必要的资源和培训，以确保教师能够有效地在多元文化背景下进行教学。这包括对教师进行跨文化沟通、教育心理学以及教育技术的培训，以强化其在跨文化教育环境中的教学能力。

（二）增强学生跨文化敏感度和理解能力的实践活动

为增强学生的跨文化敏感度和理解能力，高校可以采取多种实践活动，使学生在真实或模拟的多文化交流中学习和成长。首先，国际学生研讨会提供了一个平台，让不同文化背景的学生共同讨论和分析全球道德问题，从而增进对不同文化价值观的理解和尊重。通过这种方式，学生可以深入了解不同文化如何影响个人的道德判断和行为选择。

此外，跨文化对话小组是另一种有效的方法，它促进了学生之间的直接对话和交流。在这些小组活动中，学生被鼓励分享自己的文化经验和观点，听取他人的看法，并共同探讨文化差异如何影响道德行为和决策。通过定期举办这样的小组讨论，学生可以在安全的环境中练习和提高他们的文化敏感性和沟通技巧。

文化沉浸体验则提供了一种更为深入的学习方式。学校可以组织文化交流项目或国际访学活动，让学生有机会直接体验不同的文化环境。在这些活动中，学生不仅能学习特定文化的语言和社会习俗，还能从日常生活中感受和理解该文化的深层价值和道德观念。

最后，模拟联合国等角色扮演活动也极具教育价值。通过扮演不同国家的代表，学生需要深入研究并呈现其代表国的文化立场和道德观点。这种活动不仅提升了学生的全球意识和批判性思维，还加强了他们在多文化背景下的协商和公共演讲能力。

通过这些实践活动，学生的跨文化敏感度和理解能力将得到显著提升，为他们在全球化世界中成功交流和合作奠定坚实基础。

（三）学生反馈与互动的促进方法

为有效促进学生之间的反馈和互动，高校可以采取以下策略。

（1）定期反馈会议：设立定期的学生反馈会议，让学生在安全且开放的环境中讨论他们在跨文化德育课程中的体验。这些会议可以帮助教师收集学生对教学内容、方法和材料的看法，同时允许学生表达他们在适应和理解不同文化背景下道德问题时遇到的挑战。

（2）互动研讨会：通过组织互动研讨会，鼓励学生深入探讨具体案例和实际问题。在这些研讨会中，学生可以小组合作，共同解决道德困境，讨论不同文化观点如何影响道德判断。这不仅增强了他们的批判性思维能力，还促进了多元文化背景下的同理心和理解心。

（3）在线交流平台：利用在线论坛和社交媒体平台，为学生提供一个持续交流和讨论的空间。这些平台可以让学生在课堂之外延伸讨论，分享更多个人见解和学习资源，同时也为那些可能在面对面交流中感到害羞的学生提供了表达自己的机会。

（4）实时互动工具：在课堂教学中引入实时电子互动工具，如投票系统和即时反馈应用程序，可以即时了解学生的理解程度和情感反应。这种方法可以立即调整教学策略，确保所有学生都能跟上课程进度，并积极参与学习过程。

通过这些方法，高校可以创建一个充满活力的学习环境，有效促进学生之间的交流与合作，加深他们对跨文化道德教育的认识和应用。这样的互动不仅增强学生的全球视野，还帮助他们在多元化的世界中更加自信和有能力地行事。

四、评估与反馈

（一）评估方法

在跨文化德育教育中，评估是验证教学方法和活动有效性的重要环节。为了确保教育目标的实现，采用多种评估工具是至关重要的。这些工具不仅可以帮助教育者了解教学内容的接受程度，还能评估学生的行为变化和道德成熟度。

1. 定量评估方法

（1）问卷调查：通过预设的问卷收集学生对课程内容、教学方式和文化理解的反馈。这些问卷设计应涵盖多项选择题、量表评分题和是非题，以便统计分析和趋势观察。

（2）标准化测试：进行定期的标准化测试来评估学生在跨文化道德教育方面的知识掌握情况。这些测试结果可以作为衡量教学效果和学生进步的直接指标。

2. 定性评估方法

（1）反思性写作：鼓励学生完成关于特定文化经验和道德决策过程的反思性写作任务。通过分析这些作文，教师可以深入了解学生的思考过程和价值观的变化。

（2）深度访谈和焦点小组：通过一对一访谈或小组讨论形式，深入探讨学生对跨文化交流和道德问题的看法。这些讨论提供了评估学生理解深度和情感态度的机会。

（3）行为观察：在实际的跨文化交流和决策场景中观察学生的行为表现。观察可以在模拟活动中进行，如角色扮演或多文化互动工作坊，评估学生如何将学到的道德原则应用于实际情境。

通过这些综合的评估方法，教育者不仅能够获得关于学生学习成效的量化数据，还能深入了解学生的个人感受和道德认知的实质性改变。这种多维度的评估策略确保了跨文化德育教育的全面性和效果性，帮助教育者不断调整和优化教学方法。

（二）改进与调整

基于评估结果的反馈，对跨文化德育教育的调整和改进是保证教育质量和适应性的关键环节。通过详细分析收集到的数据，教育机构可以识别教学活动中的强项与弱项，从而有针对性地进行改进。

首先，对课程内容的调整应基于学生的具体反馈。例如，如果学生表示需要更深入了解某些特定文化的道德观念，教育机构应考虑增加这些领域的教学资源和活动。这可能包括引入新的案例研究、增设特定文化的研讨课程或者邀请具有相关背景的客座讲师。

其次，教师的专业发展是提高教学质量的另一个关键因素。教育机构应定期评估教师在跨文化交流和道德教育方面的能力，并提供必要的培训和资源。这包括组织专门的研讨会、提供在线培训课程以及促进教师间的互动和学习。

此外，增加教师之间的交流和协作也非常重要。通过设置定期的工作坊和反馈会议，教师可以分享他们的经验、教学策略和成功案例，从而共同探索更有效的教学方法。这种同行支持和知识共享对于适应多元文化教学环境尤为重要。

最后，教育机构应持续跟踪教育改进的效果，确保每次调整都能有效提升学生的学习体验和道德认知。通过这样的循环反馈和持续改进机制，跨文化德育教育能够更好地适应全球化的教育需求，有效培养学生的全球视野和道德责任感。

第六章　德育管理体制的优化

第一节　德育工作的组织与管理

德育工作在高校中的定义通常涉及学生的道德知识教育、道德能力培养以及道德行为的实践。高校德育的目标不仅仅是传授道德规范，更重要的是引导学生在实际生活中识别和解决道德问题，使其能在未来的社会实践中独立做出合理的道德判断，并采取相应的行动。

系统化的德育工作对于提升学生的道德水平至关重要。它通过结构化的程序和活动，确保每位学生都能接触到一致的道德教育内容，并在不同的学习阶段得到相应的指导和支持。这种系统化管理不仅帮助学生理解道德理论，更重要的是通过各种实践活动使学生能够将道德理论应用于现实生活，从而真正实现道德教育的根本目的。此外，良好的组织与管理还能够确保德育工作的持续性和有效性，通过定期的评估与反馈，使德育内容和方法能够不断更新，适应社会发展的需求。

一、德育工作的组织架构

在高校中，德育工作的组织架构通常涉及多个层级和部门，以确保德育活动的全面性和系统性。核心组织通常由专门负责德育的部门领导，如德育办公室或学生发展部等。这些部门的主要职责包括规划和执行德育课程，组织道德教育活动，以及监督和评估德育成效。此外，德育工作还需与学院的辅导员团队紧密合作，他们直接与学生互动，负责传递德育的日常指导和支持。

为了更有效地实施德育活动，高校通常设有德育委员会，由校领导、教师代表、学生代表以及相关部门负责人组成。该委员会负责制定德育政策和教育策略，确保德育目标与学校的整体教育目标一致。通过定期的会议和研讨，德育委员会不断审视和调整德育方案，以适应学生群体和社会环境的变化。

此外，德育工作的成功实施还依赖于广泛的师资培训。教师是德育传递的直接执行者，他们需要了解德育的基本理念和教学方法。因此，高校会定期组织与德育相关的培训和研修活动，提升教师的道德教育能力和教学技巧。通过这些培训，教师能更有效地在课程中融入德育内容，影响和塑造学生的价值观和行为规范。

高校德育工作还可与外部机构合作，如地方社区、非政府组织等，共同开展道德教育项目，为学生提供更广阔的学习和实践平台。通过这种内部与外部的合作，可以构建一个多维度的德育网络，有效地推动学生的全面发展和道德素养的提升。

为进一步增强德育工作的实效性，高校还应利用现代信息技术，如网络平台和社交媒体，扩大德育的影响力和覆盖面。通过在线德育课程和互动式学习活动，学生可以在任何时间和地点接受道德教育，从而更加灵活和主动地参与德育学习。

同时，高校应鼓励学生参与德育活动的设计和实施，以提高德育活动的吸引力和实效性。学生可以根据自己的兴趣和需求，提出德育活动的建议，参与活动的组织和管理。这不仅能增强学生的责任感和归属感，也能通过实践活动深化他们的道德认识和实践能力。

最后，高校德育工作应注重成果的总结和传播。通过定期发布德育工作报告和成功案例，高校可以分享经验，互相学习，不断提高德育工作的质量和效果。这种开放和共享的态度有助于形成良好的德育氛围，推动社会整体道德水平的提升。

二、德育策略的制定与实施

（一）德育策略的制定

在高校中，德育工作的有效实施至关重要。为确保德育活动的全面性和系统性，必须通过多层级和跨部门的合作来实现立德树人的目标。当前，高校中部分教师在德育策略的认识、理解、行动和反思等方面尚存在不足，通常倾向于采取传统的灌输和说教方式。这种方法可能使学生学到了很多理论知识，但未能真正将这些知识转化为自己的道德品质。因此，高校教师需要帮助学生从内心深处理解这些道德知识，引导他们在道德观念上做出正确的判断和价值选择。

此外，即使是明确的道德二难推理，也不一定能促使学生实践道德行为。为避免出现知识与行为的脱节，教师应组织实践教学活动，培养学生的道德行为能力。教师还需通过教学反思，引导学生将外在的道德规范内化为个人的道德品质，从而激励他们在思想和行为上追求卓越。

为此，高校德育可以采用"认识形成、深化理解、注重行动、加强反思"四环节的策略框架来指导教学。在"认识形成"环节，教师通过解读德育标准和教材，明确德育的具体任务，使学生准确掌握相关知识。例如，教师可以组织讨论会，引导学生探讨德育目标与日常生活中的道德问题之间的联系，从而加深学生对德育目标的认识和理解。

在"深化理解"环节，教师不仅要分析德育的社会和文化价值，还需通过实例、故事讲述和角色扮演等多样化方法，帮助学生在情感层面理解和接纳这些价值观念。这一阶段，教师的目标是让学生不只是理解理论，更能感受到道德行为在个人和社会层面的重要性。

接下来的"注重行动"环节，教师将组织系列实践活动，如社区服务、环保项目、志愿活动等，使学生有机会将学到的道德知识应用于现实情境中。这些活动不仅让学生实践道德行为，也让他们的道德决策经受实际的考验，从而深化对道德理念的理解和承诺。

最后，在"加强反思"环节，教师将引导学生反思自己在德育实践中的体验和挑战。通过写作反思日志、组织座谈会或进行一对一的辅导谈话，教师帮助学生评估自己的道德成长，识别在道德实践中可能遇到的困难，并探讨如何克服这些挑战。此外，教师自己也需进行教学反思，以调整教学方法和内容，确保德育教育的有效性和适应性。

通过这样全面而系统的策略框架，德育教学不仅仅是知识的传授，更是一种价值观的培养和道德行为的养成，帮助学生将社会主义道德规范转化为个人品德，成为社会的有用之才。这种教学策略的实施，能够确保德育工作在高校中得到有效地推进和实现。

需要注意的是，这一策略框架是理想中的模型，实际应用时需考虑教育的复杂性。各环节的划分虽有助于理解和研究，但在实际教学中应是相互渗透、相互作用的。例如，在进行"认识"时已涉及"理解"，而在"理解"过程中，选择和认同也意味着

"行动"和"反思"的开始。教师应根据实际情况灵活运用这些策略，确保德育目标的有效实现。

（二）德育策略的实施计划

德育实施计划应详细阐述活动的具体步骤、时间表以及所需资源。首先，需明确每一个活动或项目的具体目标和预期成果。例如，一个德育道德讲座的目标可能是提高学生对职业道德的认识，而一个社区服务项目的目标则可能是增强学生的社会责任感。每个目标都应具体明确，以便于后续的评估和调整。

随后，制定详细的时间表，规划从准备到执行再到评估的每一阶段的时间节点，确保各环节顺利过渡。例如，德育项目可能需要在学期开始前两个月开始筹备，中间阶段进行执行，并在学期末进行效果评估。详细的时间规划有助于各部门协调操作，确保活动按计划进行。

资源配置则涉及人力、物资以及财力的合理安排。这包括但不限于教师的专业培训，以确保他们具备进行有效德育教学的能力；教育材料的采购，如道德教育书籍、案例研究集、教育视频等；以及必要的场地和技术支持，如教室、讲座厅和数字媒体设备等。合理的资源配置可以提高德育活动的质量和效果。

实施计划还应考虑如何有效整合学校内外的资源，如与其他教育机构或社会组织的合作，以扩大德育活动的影响力和实效性。合作可能涉及共同开发课程内容、交流讲座或共同组织社会实践活动。通过这种合作，不仅可以共享资源，还能提供更广泛的视角和更丰富的教育内容。

同时，计划中应包括监控和调整机制，确保能够灵活应对实施过程中可能出现的问题和挑战。这包括定期的进度检查、效果评估以及反馈机制。通过实时监控项目的进展和效果，学校可以及时发现问题并做出必要的调整。例如，如果发现某个德育活动的参与度不高或效果不明显，学校可以调整活动内容或方法，以提高其吸引力和教育效果。

通过这样综合而详细的德育实施计划，学校能够更系统地推进德育活动，有效地培养学生的道德素养和社会责任感。

通过这种系统化和结构化的策略制定与实施计划，高校能够确保德育工作的连贯性和有效性，促进学生全面而均衡的道德发展。

三、德育活动的设计与执行

（一）活动类型

德育活动的设计应覆盖广泛的主题和形式，以满足不同学生的需求并促进他们全面的道德发展。常见的德育活动类型包括以下方面。

（1）讲座和工作坊：通过邀请校内外专家讲授关于道德哲学、职业道德、公民责任等主题的讲座，为学生提供理论知识和现实案例的分析。这些活动不仅引入了学术理论，还结合了实际问题，如企业道德和政治伦理等，使学生能够将抽象的道德观念与现实世界联系起来。工作坊则通过互动式学习方法，如案例分析和小组讨论，促进学生的主动学习和深入理解。

（2）研讨会：小组形式的研讨会鼓励学生就特定的道德问题进行讨论和辩论，如环境伦理、全球正义等，促进批判性思维和沟通能力的发展。这些活动设计为开放式对话，旨在提供一个平台，让学生可以自由表达观点，并从不同的视角探讨问题，从而培养对多元文化和不同观点的尊重与理解。

（3）社区服务项目：安排学生参与社区服务活动，如志愿者服务、社区清洁活动或慈善活动等，通过实践活动培养学生的社会责任感和同理心。这些项目通常与地方社区组织合作进行，旨在解决具体的社区问题，同时使学生体验到帮助他人的重要性和满足感，促进他们的个人成长和社会参与。

（4）文化交流活动：组织学生参与不同文化背景的交流项目，增强他们的文化敏感性和跨文化沟通能力。这些活动可能包括与国际学生的联合项目、访问不同文化的社区或参与国际视频会议，通过这些直接的文化接触，学生能更好地理解全球多样性并培养国际视野。

（5）道德模拟游戏和角色扮演：设计模拟情境，让学生扮演不同角色，面对道德困境，从而体验和理解道德决策的复杂性。通过模拟游戏，如法庭辩论、企业决策模拟等，学生不仅能够在无风险的环境中探索不同的决策后果，还可以通过角色扮演深入感受和分析道德冲突和人际关系的影响。

这些德育活动的共同目标是通过多样化的学习方式和实践机会，促进学生的全面道德发展，培养他们成为具有批判性思维、深厚道德感和强烈社会责任感的公民。

（二）执行效率

有效管理和执行德育活动是确保这些活动达到预期教育效果的关键。以下策略可以提高执行效率。

（1）事前规划：对每项活动进行详细规划，包括目标设定、内容准备、资源调配和时间管理。确保所有准备工作都符合活动的教育目的。例如，为讲座或工作坊明确具体的学习目标和预期成果，设计符合这些目标的课程内容，选择合适的讲师或导师，并准备必要的教学材料和设施。此外，制定详尽的活动流程时间表，包括活动的启动、进行和结束时间，确保每个环节都能顺利衔接，高效运行。

（2）参与度提升：采用互动性和参与性强的活动设计，如互动讨论、小组合作等，以提高学生的参与度和兴趣度。在小组讨论中，可以设定具体的讨论题目和目标，引导学生积极发表意见和思考，促进思维的碰撞和知识的深化。此外，设计相关的实践活动或游戏，使学生能在实际操作中加深理解，并通过体验学习法增加学习的趣味性和实效性。

（3）技术支持：利用技术工具，如在线平台和社交媒体，来管理活动的日程和通知，同时也可以用来收集参与者的反馈，以便于活动的即时调整。使用专门的软件或应用程序来创建活动日历，发送自动化提醒和更新，确保参与者能够及时获取最新信息。同时，利用在线问卷或反馈工具，收集学生对活动的感受和建议，用数据驱动活动的优化和迭代。

（4）持续监控与评估：对活动的进展进行持续监控，并通过问卷调查、参与反馈和观察等方法评估活动的影响力和效果，及时调整活动内容和方法。定期检查活动的实施状态，确保与计划相符，对发现的问题及时采取措施。在活动结束后，进行全面的效果评估，分析活动成功的因素和需要改进的地方，为未来活动的设计提供参考和依据。

（5）志愿者和助手的利用：动员学生志愿者或教师助手参与活动的组织和执行，不仅可以减轻工作负担，还能增强他们的责任感和领导能力。通过设立志愿者团队，并为他们提供必要的培训和指导，使他们能有效协助活动的筹备和执行。同时，参与组织和管理的经验能够帮助志愿者和助手提升自我管理能力和团队合作能力，这对他们的个人发展也是一种积极的促进。

通过这些综合策略，不仅可以确保德育活动的顺利进行，还能最大化其教育效果和参与者的满意度，从而有效地推动学生的全面发展。通过这些措施，高校可以有效地设计和执行德育活动，确保活动不仅吸引学生参与，同时也能达到提升其道德认知和行为表现的目标。

四、监督与评估

（一）监督机制

在德育活动的管理中，确保每项活动都能按照既定的计划和标准执行是至关重要的。实施有效的监督机制包括以下几个方面：

（1）责任分配：明确指定团队或个人负责监督特定德育活动的执行，包括准备、进行和后期处理等各个阶段。为每项活动指派一名项目负责人和几名助手，确保每个团队成员都明确自己的职责和任务。这种分配不仅有助于提高团队的效率，而且有利于培养成员的责任感和领导能力。项目负责人负责协调整个项目，确保资源的合理分配和时间管理，而助手则专注于具体的任务执行，如材料准备、场地布置等。

（2）进度追踪：使用项目管理工具或软件来追踪活动的进度，确保各个阶段的任务按时完成。选择合适的工具如 Asana、Trello 或 Microsoft Project 等，可以帮助团队成员查看任务分配、进度更新和截止日期，从而保持活动按计划进行。通过定期更新进度，团队成员可以及时调整工作重点，确保关键任务得到优先处理。

（3）定期检查：设定定期检查点，评估活动准备和执行的符合度，及时发现并解决问题。这些检查点可以是活动前的几周、活动前一天和活动进行中的几个时间点。在每个检查点，团队应评估活动的准备情况，如是否所有材料已准备就绪，技术设备是否安装到位，志愿者和工作人员是否了解他们的角色和职责。通过这种方式，可以及时识别和解决潜在的问题，避免在活动中出现大的干扰。

（4）质量控制：通过内部和外部的审核来检查活动质量和符合教育目标的程度，确保活动内容和方法的适宜性。内部审核由项目团队成员执行，关注活动是否按照计划执行，以及活动的内容是否达到预定的教育目标。外部审核则可能包括邀请教育专家或德育顾问，他们可以从专业的角度评估活动的有效性和改进点。这些审核帮助确保德育活动不仅符合教育标准，而且能够在实践中有效传达所需的道德和价值观。

通过这些详细的步骤，学校可以有效地管理和执行德育活动，确保每项活动都能达到其教育目的，并对学生产生积极的影响。

（二）评估方法

（1）反馈收集：从参与的学生、教师和其他相关人员那里收集反馈，了解他们对德育活动的看法和体验。这可以通过电子问卷、面对面访谈或焦点小组讨论来完成。电子问卷可以广泛地收集数据，确保匿名性，从而鼓励更真实的回应。面对面访谈和焦点小组则可以提供更深层次的见解，让参与者详细阐述他们的体验和具体的改进建议。这种多方法的结合可以全面收集关于活动各个方面的反馈，从参与度到内容的相关性。

（2）效果分析：使用定性和定量的数据分析方法来评估德育活动的成效。定量分析可能包括参与率、满意度评分等，而定性分析则涉及对反馈内容的深入理解和解释。这些数据可以用来测量活动对学生道德观念和行为的具体影响，评估活动是否达到了预定的教育目标。例如，通过比较活动前后的道德态度问卷结果，可以定量地评估学生道德认知的变化。

（3）持续改进：基于评估结果，识别德育工作中的强项和弱项，制订改进计划。例如，如果发现某些活动未能激发学生的兴趣，可能需要调整活动内容或方法。改进计划应详细列出必要的步骤和时间表，涉及更新教材、改变教学方法或重新设计活动的互动环节。此外，定期审视这些改进措施的效果，确保每次调整都能带来预期的结果。

（4）结果共享：将评估结果和改进措施公开给所有相关人员，包括学生、教职员工和管理层，确保透明度并促进整个教育社区的参与。通过校内网站、电子邮件通信或定期会议等方式，不仅向全体成员通报成果，还鼓励他们提供进一步的反馈和建议。这种开放的信息共享和沟通机制可以增强社区的凝聚力，促进教育环境的持续改进和发展。通过这些监督和评估策略，高校能够确保其德育工作不仅符合教育目标，而且能够根据学生和社会的变化进行适应和改进。

第二节　德育资源的整合与利用

在高校德育中，德育资源是指所有可用于支持学生道德和价值观教育的材料和活动。这些资源包括但不限于专题讲座、研讨会、教育工具包、教科书和教案、互动教育软件、在线课程和平台、案例研究集以及其他各种形式的多媒体教学材料。这些资源旨在帮助学生理解和实践社会期望的道德行为，培养他们的批判性思维能力，以及增强他们在面对道德困境时的决策能力。

在多元化和技术驱动的教育环境中，德育资源的整合显得尤为重要。整合教育资源可以确保教育内容的连贯性和系统性，提高教育活动的效率和影响力。通过整合不同的教育资源，高校能够提供一个全面、多角度的德育教育体验，这有助于学生在不同的文化和情境中理解和应用道德原则。此外，资源整合还有助于优化教育资金的使用，避免重复劳动，提高教育资源的利用效率，确保每一项资源都能为学生的道德成长带来最大的益处。

一、资源识别与评估

（一）现有资源的识别

德育资源的识别是德育资源管理的第一步，旨在全面了解高校当前可用的所有德育工具和平台。这一过程涉及识别和整合内部与外部的教育资源，确保它们能够被高效利用，以支持和增强德育教育的实施。

内部资源方面，高校需要彻底调查现有的教育资料和设施。这包括学校图书馆拥有的各类书籍、期刊和其他出版物，这些都是理论学习的重要来源。同时，讲座录像和教师自制的教案及教学视频也是宝贵的资源，它们通常更贴近当前教学的实际需要，并能提供即时和具体的学习支持。此外，学生事务部门组织的研讨会和辅导程序也是重要的德育资源，它们常常涉及学生日常遇到的实际问题和挑战，从而更好地培养学生的道德判断和行为决策能力。

外部资源的识别则包括与其他教育机构的合作内容，这些合作可能涵盖共享课程、联合举办研讨会或交换讲师等。与非政府组织合作开展的教育项目可以引入新的教育理念和方法，丰富学校的德育内容。在线开放课程资源（如 MOOCs）则提供了一个平台，让学生可以接触到全球范围内的优质课程和最新的教育思想。同时，邀请行业专家和学者来举办讲座，可以为学生提供接触前沿知识和实践经验的机会，这对于学生理论与实践能力的提升都是非常有益的。

为了有效地识别和利用这些资源，高校需要建立一个跨部门的合作机制。这通常涉及教务部、学生事务部、图书馆以及外联部门的紧密合作。通过建立信息共享平台，各部门可以实时更新和共享资源信息，形成一个动态的、全面的资源库。这样的资源库不仅便于管理，也确保了教育资源的最大化利用，从而提升整个机构的教育质量和效果。

最终，通过这样系统的资源识别和管理，高校能够更有效地规划和实施其德育策略，为学生提供一个丰富、多元和高效的学习环境，促进他们全面而平衡的发展。

（二）资源评估

一旦识别出各类德育资源，下一步则是评估这些资源的有效性和适用性。这个过程涉及确定每项资源对于学校德育目标的贡献度，以及它们在实际教学中的实用性。评估可以通过收集学生和教师的反馈、分析资源使用后的学生表现改进情况，以及比较不同资源对学生道德认知和行为变化的影响来进行。此外，也需要考虑资源的更新速度和成本效益比，确保选用的资源不仅现时有效，且长远来看具有持续的教育价值。通过这种方式，高校可以优化其德育资源的配置，确保每一种资源都能最大限度地支持学生的全面发展。

1. 资源有效性评估方法

（1）反馈收集：实施定期的调查问卷和访谈，向学生和教师询问关于各种德育资源的使用体验和满意度。这些反馈可以帮助了解资源在教学中的实际效果和受众的接受程度，以及可能存在的问题或不足。

（2）表现分析：追踪使用特定资源前后学生的表现变化。这可以通过考查学生在德育相关考试、作业和实践活动中的成绩来实现。比如，使用某个视频教材后，学生在相关道德问题的模拟测试中表现是否有所提升。

（3）行为观察：监测学生的行为变化，尤其是在涉及团队合作和社区服务等实践活动中的表现。观察学生是否在这些活动中展现出更好的道德判断和社会责任感。

（4）资源比较研究：对比不同德育资源在相似条件下的教育效果，识别哪些资源在促进学生道德认知和行为改变方面更为有效。这种比较可以基于学生的学习成果、教师的教学体验和资源的使用频率。

（5）成本效益分析：评估资源的成本与其教育回报之间的关系。考虑资源的购置、维护和更新成本，与其在提高学生德育水平方面的效益进行对比，确保资源投入具有合理的经济效益。

2. 持续监控与更新

（1）定期重新评估现有教育资源的相关性和有效性，特别是随着教育技术的发展和教育需求的变化，某些资源可能需要更新或替换。

（2）建立一个动态的资源更新机制，包括引入最新的德育工具和方法，以及淘汰过时或效果不佳的材料。

通过以上多维度的评估和监控，高校能够确保德育资源库始终保持最新、最有效，从而为学生的全面可持续发展提供坚实的支持。

二、资源整合策略

（一）跨部门合作

在高校环境中，有效的资源整合策略需要建立在跨学科和跨部门合作的基础上。这种合作模式允许不同部门共享资源、信息和专业知识，从而创造一个协同效应，增强德育教育的整体效果。例如，学生事务部门、学术部门、辅导中心以及图书馆可以联合举办研讨会和讲座，共同开发课程内容，或者通过组织社区服务项目来共同推动学生的道德和社会责任感培养。此外，这种合作不仅限于校内，也可以扩展至与其他学术机构、企业以及非政府组织的合作，引入更多多样化的视角和资源。

（二）技术整合

技术在德育资源整合中扮演着至关重要的角色。利用现代信息技术，高校可以构建在线平台和数据库，集中存储和共享各种德育资源。例如，创建一个集中的数字资源库，其中包括电子书籍、录像讲座、案例研究和互动教学等模块。这些资源可以通过校园网对全体师生开放，使学生和教师能够轻松访问和利用这些资源进行学习和教学。此外，利用在线论坛和社交媒体平台促进师生之间的互动和讨论，也是技术整合策略的一部分。通过这些技术工具，德育教育可以突破时间和空间的限制，增强学生的参与度和学习效果。

（1）技术平台的构建与优化：高校可以开发或采购专门的学习管理系统（LMS），如 Moodle 或 Blackboard，这些系统支持教材的上传和课程管理，也提供评估和跟踪学生进度的工具。这些平台可以进一步定制，以适应德育课程的特殊需求，如增加道德决策模拟、互动案例分析等模块。

（2）资源的动态更新与管理：技术整合还包括建立一个可持续更新的系统，确保德育资源的及时更新和优化。利用数据库管理系统，高校可以方便地添加新资源、更新现有内容以及删除过时的资料。同时，可以设立专门的技术团队来监控和维护这些系统，确保它们的稳定运行和数据安全。

（3）增强虚拟互动：除了基本的资源共享，技术还可以用于创建虚拟现实（VR）或增强现实（AR）体验，使德育学习更加生动和引人入胜。例如，通过 VR 模拟不同的道德困境情境，让学生在一个控制和安全的环境中做决策。这种沉浸式的学习体验能够更好地培养学生的同理心和道德判断力。

（4）促进全球连通性：利用信息技术，高校还可以将德育教育拓展到全球范围，与国际上的教育机构合作，共享资源，组织国际研讨会和在线讨论。这不仅为学生提供了广阔的学习视角，也促进了文化的交流与理解。

通过这些策略，高校可以有效利用现代技术整合和优化德育资源，提高教育质量，并实现教育的现代化和国际化。这种技术整合不仅提升了德育教育的效果，也为学生提供了更多样化和深入化的学习体验。

三、资源优化与创新

（一）创新使用现有资源

在高校德育资源的管理中，创新使用现有德育资源是提升学生参与度和学习效果的关键策略。这可以通过多种方法实现，例如重新设计现有的教育材料，使之更加互动和吸引学生参与。例如，传统的道德教育讲座可以转变为互动式研讨会，引入案例研究和角色扮演环节，使学生能够在实际情境中应用道德理论。此外，可以将现有的文本材料转化为多媒体内容，如视频教程和在线测验，这些内容更易于吸引数字时代的学生，并促进他们的积极学习。

（1）扩展活动和工具的开发：除了转换现有材料的形式，高校还可以探索开发新的互动工具，如移动应用和虚拟现实体验，这些工具可以提供模拟现实世界复杂道德问题的平台。例如，开发一个虚拟现实游戏，让学生在控制环境中面对道德困境，按需求作出决策。这种类型的学习工具不仅能增加学习的趣味性，还能在安全的环境中测试和强化学生的道德判断力。

（2）跨学科合作增强资源利用：将德育融入不同的学科中，例如，通过与法学、心理学、社会学等其他学科的结合，重新设计课程，使德育教育与学生的专业学习相结合。例如，在商学课程中引入企业伦理的讨论，或在心理学课程中讨论道德决策的心理基础。这样的跨学科方法不仅丰富了教育资源的应用，也帮助学生从多角度理解和评价道德问题。

（3）学生主导的项目：鼓励学生参与到德育资源的创新和改进中来，比如通过学生项目赛事来设计新的教育工具或课程。这种方法可以激发学生的创造力和主动性，同时让他们对道德教育有更深的投入和认识。学生在这一过程中不仅学习道德理论，还能获得实际操作和团队合作的经验。

通过这些策略，高校可以确保德育资源的活用不仅停留在传统教学方法上，而是不断创新，适应现代教育需求，更有效地促进学生的全面发展。这种持续的创新和改进是高校德育实施的关键。

（二）开发新资源

随着教育技术的发展和学生需求的变化，开发新的德育资源尤为必要。这包括利用最新的数字媒体技术，如虚拟现实（VR）和增强现实（AR），来创建沉浸式的道德教育体验。例如，通过 VR 模拟不同文化背景下的道德决策过程，学生可以在没有真实后果的情况下探索他们的道德判断和决策技能。此外，开发基于游戏的学习工具也是一个有前景的方向，如道德题材的教育游戏，这些游戏能够通过挑战和互动激励学生学习并实践道德理念。通过这些创新方法，德育资源不仅能够更好地适应当代学生的学习习惯，也能够提供更广泛的教育影响。

（1）技术驱动的案例研究：利用 VR 和 AR 技术，创建基于真实世界场景的模拟，如模拟贫困地区的生活环境，让学生在虚拟环境中做出道德选择。这种技术使得道德教育不再是抽象的概念学习，而是具体和实际的体验。

（2）交互式教育游戏：开发专门的教育游戏，将"道德选择"融入游戏情境中，要求学生在游戏中做出选择，并根据这些选择产生不同的游戏结局。例如，一个关于环境保护的游戏可以让学生决定是否采用某种可能对环境有害的开发方式，然后直观地展示这一选择对环境和社会的长远影响。

（3）多媒体教育内容：将传统的文本资源转化为多媒体教育形式，如动画、视频和互动图表等。这些内容可以通过教学网站或学习管理系统进行分享，使学生可以随时随地访问学习材料，增加学习的灵活性和趣味性。

（4）社交媒体集成：利用社交媒体平台，如微博、微信或抖音等，开展道德教育活动，发布道德挑战和情境讨论，鼓励学生参与在线讨论。这种方法可以增加学生的参与度，同时提供一个平台，让他们在现实生活中应用所学的道德知识。

通过这些策略，高校能够不仅仅满足学生对知识的需求，还能激发他们对道德问题的深入思考和实际行动，从而在全球化和多元化日益增长的世界中培养有责任感和道德判断力的公民。这种资源的创新使用和开发将使道德教育更加生动、实用和影响深远。

第三节　德育效果的评估与反馈

德育效果评估是高校教育体系中一个至关重要的环节，它涉及对学生道德发展相关活动和教学策略的系统分析和评价。评估的主要目的是衡量德育项目对学生道德认知、态度和行为的影响，确保教育目标的实现，并持续优化德育实践。在全球化和多元文化背景下，高校德育评估更是承担着培养具备全球责任感和道德判断力学生的重要职责，是提升教育质量和促进学生个人成长的关键工具。

德育效果评估应遵循四个基本原则，确保评估过程的有效性和公信力。首先，公正性原则要求评估过程中的每一步都必须公平无偏，对待所有学生群体一视同仁，确保评估结果的广泛接受和认可。其次，透明性原则强调评估标准、方法和结果应对所有利益相关者开放，包括学生、教师和行政管理人员，以增强评估的信任度和参与度。连续性原则指评估应定期进行，形成持续的反馈循环，不断调整和改进德育教育策略和活动。最后，系统性原则要求评估不仅局限于单一的德育活动或课程，而是覆盖整个德育教育体系，包括教学内容、教育方法、师资力量和学生反馈等各个方面，确保全面而深入的教育效果评价。

一、评估方法

（一）定量评估方法

在德育效果的评估中，定量方法提供了一种量化的方式来衡量学生在道德认知和行为变化方面的具体进展。通过设计精细的问卷调查，可以收集关于学生道德观念和行为选择的数据，这些数据随后可以通过统计分析进行综合评估。成绩跟踪则涉及监测学生在德育课程和活动中的表现，评估他们在道德判断和行为上的具体表现。这些方法不仅帮助教育者获得量化的反馈，还能够用于比较不同时间点或不同群体间的变化，从而评价德育活动的效果。

（二）定性评估方法

定性评估方法侧重于深入理解学生的道德感受和行为动机，提供了对定量数据背后复杂现象的深层洞见。通过个别访谈或焦点小组讨论，教育者可以获取学生对德育活动的感受、见解及其影响的详细描述。此外，案例研究方法允许教师探索特定情境下学生的道德决策过程，从而更好地理解影响这些决策的因素。定性方法特别适合探讨学生道德发展的个体差异和文化背景影响，帮助教育者调整策略以满足不同学生的需求。

（三）混合方法评估

混合方法评估结合了定量和定性的评估技术，旨在提供一个更全面的评估视角。这种方法通过整合数值数据和深入的个人反馈，可以在广度和深度上同时发挥优势。例如，问卷调查可以揭示一般趋势和普遍问题，而随后的深入访谈则可以解释这些趋势背后的原因，或探讨特定问题的复杂性。这样的方法使得评估结果更为丰富和精准，为高校德育工作的调整和优化提供了强有力的支持。

（1）问卷调查：这是收集定量数据的常用方法，可设计包含封闭问题的问卷，如利克特量表，以收集学生、教师和其他利益相关者对德育项目效果的评价。这些问卷可以通过电子邮件、在线平台或甚至在课堂上发放，以确保获得广泛的参与和反馈。

（2）深入访谈：在问卷调查结束后，选取一部分代表性的参与者进行深入访谈。这可以帮助研究者更深入地理解数据中显示的趋势和问题。访谈可以面对面进行，也可以利用视频会议等工具，以便于记录和分析。

（3）焦点小组：组织由学生、教师或德育项目的直接参与者组成的焦点小组，讨论特定的德育活动或策略。焦点小组讨论可以揭示参与者对项目的共同看法及其多样性，为改进方案提供定向支持。

（4）案例研究：选择特定的德育活动或干预措施进行深入分析。通过案例研究，可以综合运用观察、文档分析和个体访谈的数据，对单一案例进行系统的分析，从而获得对该实践成功与挑战的深入了解。

（5）数据三角验证：通过比较和核实从不同来源或不同方法获得的数据，增强研究的可靠性和有效性。例如，学生在问卷中对某项德育活动的反馈可以通过教师的观察和学生访谈的结果进行验证和补充。

通过这种混合方法的评估，高校可以获得关于其德育项目的全面信息，这不仅包括表层的数据分析，也深入到项目实施的实际影响和潜在的改进空间。这种评估策略提供了一种更为细致和全面的方法来理解和优化德育工作，确保教育活动能够有效地达到既定目标，同时促进学生全面发展的长远目标。

二、数据分析与报告

（一）数据处理

数据处理是德育效果评估中关键的一环，它涉及从数据收集到数据分析的整个过程。首先，需要确保数据的收集方法科学且系统，包括确保问卷调查的代表性和面试方法的一致性。收集到的数据需要通过适当的数据管理软件进行整理和清理，去除无效和错误的数据点，确保最终分析的数据质量。随后，采用统计分析软件或定性分析工具对数据进行深入分析，从中提取出有意义的模式和趋势。这一步骤是理解评估结果、发现潜在问题并提出解决方案的基础。

（二）报告编制

编写评估报告是将评估活动的成果形式化和系统化的过程，是向校方管理层、教育者和其他利益相关者传达德育评估结果的关键环节。报告应包含评估的背景、评估方法、主要发现、分析结果以及基于这些结果的具体建议。报告中应详细说明数据分析揭示的关键问题和成功点，并根据这些发现提出改进德育工作的策略。此外，报告还应包括对未来行动方向的建议，如需进一步研究的领域、可能的策略调整和资源分配建议。最终，评估报告应当清晰、结构合理、便于理解，能够为决策提供实际可行的信息。

（三）改进和持续发展

1. 根据评估结果制定改进措施

德育评估的结果应直接影响德育课程、教学方法和相关活动的调整与优化。首先，学校需要分析评估数据中突出的问题和优势，从而明确改进的重点区域。例如，如果数据显示学生在某些道德理解方面存在缺陷，教育机构可能需要增加相关主题的课程内容或调整教学策略，以更有效地传达这些概念。此外，学校应考虑引入新的教学方法或学习活动，如更多的案例研究、角色扮演或模拟活动等，以增强学生的实践经验和道德决策能力。改进措施应具体、针对性强，并配有明确的实施计划和时间表，确保这些调整能够实施并产生预期效果。

2. 持续改进策略

为保证德育教育能够持续进步并适应教育需求的变化，学校应建立一个动态的持续改进系统。这包括定期的评估循环，不仅要评估学生的表现，还要评估教学方法和课程内容的有效性。此系统应整合反馈机制，如学生和教师的反馈，用以实时监测和调整教育实践。同时，应鼓励教师参与专业发展活动，不断更新其教育技能和道德教育理论知识。学校还应与外部专家和其他教育机构合作，引入最新的教育理念和实践，保持教育内容的现代性和相关性。通过这种结构化和系统化的方法，德育教育可以不断适应社会变化，持续提升其教育质量和效果。

第七章 德育教育实践探索

第一节 校园文化建设中的德育实践

校园文化以一种无形的方式将德育的内容融入其中，是"三全育人"理念的重要体现。高校的校园文化建设不仅能够提升学生的综合素质，还能够在无形中加强学生的道德教育，为其成长为社会所需的全面发展人才打下坚实的基础。

一、校园文化育人的基本原则

校园文化建设与德育互动的原则是必须在不同范围、层次遵循的基本准则，这些原则是互动规律的积极反映。为了实现高校校园文化建设与德育工作的良性互动，必须在一个明确的原则框架下设计互动方案，这样才能达到理想且有效的互动结果。

（一）方向性原则

在意图实现高校校园文化建设与德育之间良性互动的过程中，必须确立明确的方向性原则，引导德育朝着正确的方向发展。缺乏明确的方向性可能会导致校园文化建设与德育互动偏离预期轨道，产生无效或有害的结果。

1. 坚持和巩固马克思主义在意识形态领域的指导地位

意识形态与校园文化及德育紧密相关：意识形态是文化的核心，而校园文化是大学生意识形态的透视和整合平台；德育方面，意识形态教育是其重要内容。面对信息技术的快速发展和东西方文化的激烈碰撞，高校德育工作者必须创新意识形态教育方法，将其与生动的校园文化建设结合，通过德育与校园文化的融合互动来巩固马克思主义的指导地位，这是校园文化建设与思想政治教育互动的首要方向。

2. 确保高等教育人才培养目标的实现

高等教育的根本任务是培养符合社会需要的合格人才，这一目标反映了高校的办学思想和特色。在教育改革不断深化的今天，校园文化建设与德育工作的共同目标是确保实现人才培养目标，为此应设计有利于提高人才培养质量的方案，创新人才培养理念，以青年学生喜闻乐见的方式进行综合素质教育，提高其品行修养。

3. 坚持"以人为本"的价值取向

"以人为本"是现代教育的核心理念，要求教育工作者关注教育对象的全面发展，将所有育人工作统一到学生的实际需要上。在校园文化建设与思想政治教育互动中，应吸引学生主动参与，尊重其主体性和能动性，创造条件以支持其自我教育和自我发展。

4. 培育独树一帜的大学精神

大学精神是大学文化的核心，通过校园文化建设和德育互动的创新活动，可以培育出符合时代精神的独特大学精神。在高校校园文化建设与德育的互动中，应有意识地引导大学精神的孕育和强化，提升学校的竞争力和社会影响力。

（二）参与性原则

参与式管理（Participatory Governance）是现代社会建设和社会治理的主要模式之一。自 20 世纪 70 年代以来，面对传统治理模式所引发的政府规模扩张、财政赤字和经济停滞等危机，参与式管理要求政府在项目规划和公共决策过程中更多地融入社会自治活动、分权给社会组织，并充分吸纳和尊重民意。这种管理方式已广泛应用于乡村治理、地方公共项目预算与规划以及网络治理中。在高校校园文化建设与德育的互动实践中，参与式管理同样具有重要的参考价值。

实施全员参与的原则开展高校校园文化建设与德育互动工作，意味着要充分发挥高校教职员工的领导作用和大学生及其群团组织的主体作用。作为组织者与设计者，无论是校领导还是教职员工，都应主动提升自我意识，身先士卒，带头示范，从而引导校园文化建设与德育互动向健康方向发展。大学生及其群团组织作为主要参与者，只有通过激发其主观能动性，才能将外在的教育目标转化为内化的信念和自觉行动。

1. 控制型参与

控制型管理是一种传统的管理模式，通过执行管理者的意志提高工作效率，主要采取自上而下的监督和评价方式，强调结果和过程中的显性指标。这种参与管理方式适用于校园文化建设与思想政治教育互动的初级阶段，此时参与者的自主意识较弱，可能还保留着校园文化建设和德育"两张皮"的传统思维。因此，高校需要通过制定规章制度，指派专职干部实施管理，通过指令性方式激发师生员工的参与意识，形成互动惯性，使互动理念深入人心，形成自觉参与的氛围。在此过程中，建立完善的管理反馈机制至关重要，以便全面了解师生员工对校园文化建设与德育工作的参与情况，并指导后续参与调整。

2. 授权型参与

"授权型参与"是指在互动过程中，学校及相关行政机构将权力和责任转移给教职工社团、学生社团和科研院所。同时，在制定涉及校园文化建设与德育互动的方向性决策时，应保持过程的公开、透明、民主和科学化。此阶段还应为自主型参与管理做好准备，包括完善社团制度建设，加速学生会等社团领导的直选，使其真正代表学生利益，以及完善校园网络管理，确保其成为有效的信息传播和沟通工具。

3. 自主型参与

当大多数师生的决策能力和自我管理能力显著提高后，可以推进到自主型参与阶段。在此阶段，具体职能部门或个体对校园文化建设与德育互动有更大的决策权。师生在互动中的个体交流更为频繁，对信息的需求也随之增加。相关职能部门的教职工将实施目标管理，自主决策其工作内容，而学校主管部门将其职能从直接指导转变为协调。

4. 团队型参与

团队型参与管理是参与式管理中的高级形式，打破传统行政组织结构观念。根据校园文化建设与德育互动的需要，组建具有不同职能的团队，并随形势的变化及时调整。团队成员可以由学校相关决策层指定，也可以自由组合，团队协调人与成员待遇相同，负责解决团队内外沟通的矛盾。通过建立临时性职能团队管理具体实践载体，可以有效提升校园文化建设与德育互动的效率。

（三）整体性原则

校园文化建设与德育互动构成了一项复杂的系统工程，涵盖了组织结构的优化、制度体系的构建与完善、目标策略的制定、操作方案的规划与实施以及平台载体的设计等多个方面。这些组成部分紧密相连，相互作用，形成了具有凝聚力的整体系统。然而，当前阶段，高等教育管理者对校园文化建设与思想政治教育互动的重要性认识不足，导致两者间存在隔阂，甚至出现管理上的脱节。因此，在校园文化建设与德育互动过程中，必须始终坚持整体性原则，确保系统内的各个要素和环节能够协调一致，共同推进。

1. 育人目标的整体性

校园文化建设与德育互动的核心目标是提升高校的教育质量和水平，培养符合社会主义现代化建设需求的合格人才。围绕这一共同目标，必须进行统筹规划和合力推进。在校园文化与思想政治教育的互动中，应着重实现培养社会所需的德才兼备人才的目标，覆盖学生从入学到毕业的全过程。为实现这一目标，校园文化建设与德育必须通过互动形成一个统一的整体，使高校的育人工作也显得更为系统和有计划，每个教育者、每个部门都需共同努力，承担起相应的责任，确保学生的全面发展。

2. 协调管理的整体性

校园文化建设与德育互动不应仅仅局限于某个单位或部门，而是需要全校范围内的系统性合作。各部门、各岗位虽然职责不同，但都是整体互动系统中不可或缺的部分。只有通过全员的共同努力和相互支持，才能实现德育和校园文化建设的良性互动，发挥最大效能，形成高效的工作机制。

3. 活动引导的整体性

当前，高校校园文化建设与学生德育工作往往存在分离的问题，因此，在互动过程中，坚持整体性的活动引导至关重要。互动过程中应保证两者在同一系统内有机结合，实现学生德育与校园文化建设的有效融合。此外，校园文化建设与德育互动的整体性原则还要求形成全方位的管理意识，实现各部门的相互配合和支持，确保学校、家庭、学生和教育部门在高校校园文化建设与学生德育工作中实现无缝对接，从而构建一个立体交叉的协作体系，提高工作效率和成效。

二、完善校园文化育人机制

"机制"一词最初源自自然科学，尤其是物理学和机械工程学，但现在已广泛应用于多种学科领域。在社会科学中"机制"指的是社会政治、经济、文化活动之间的相互关系、发展过程及其产生的综合效果，或是社会组织、机构内部的结构和运作原理。本书探讨的是高校校园文化建设与德育的互动机制，这些机制是校园文化和德育相互作用的内在方式，代表了一种客观存在的运行规律。只有深入理解并合理应用这些规律，通过恰当的工作手段，才能有效地整合校园文化建设与思想政治教育，实现互补共荣。

（一）推动运行的动力机制

"动力机制"在管理学中指的是管理系统中动力的来源和其运作的机理。在高校校园文化建设与德育互动中，同样存在着推动系统运行的动力机制。

1. 利益驱动机制

经济学原理表明，利益驱动是社会活动的一个重要动力源泉。虽然在校园文化建设与德育互动中，不能完全以经济学原理作为分析基础，但不可否认，在参与动力不足的情况下，适当的利益驱动可以显著提升师生员工的参与热情。在互动的初级阶段，许多师生尚未形成自觉的互动意识，此时通过提供物质或精神激励可以有效激发参与热情，并体现校方推进校园文化与德育互动的决心。具体措施包括资金支持学生文化活动、鼓励建立校园文化与德育双向职能的学生社团，以及表彰在理论和实践上作出贡献的教职工，推广其经验。

2. 政令推动机制

目前，校园文化建设与德育互动还处于发展初期，有时需要借助"强制性"的政策法令来推动。这些政策法令可以是中央与地方政府以及高校自身颁布的政策、纲要、条例等。在我国，中央已有文件强调校园文化建设与德育应相辅相成，为高校提供了政策指导。期待未来能有更多针对校园文化与德育互动的中央政策，为这一领域的发展提供更强的动力。

3. 心理推动机制

心理因素虽然是动力机制中的隐性要素，但在校园文化与德育互动中却极其关键，常常被忽视。这种心理推动涉及启发决策层和参与者的互动理念，调动他们的积极性。这不仅包括公开的宣传，更关键的是通过持续的热情和完善的制度设计来实现。同时，适当的奖惩机制也是心理推动的一个重要方面。在实践中，应重视这种心理激励，通过多种方式让互动理念内化于高校运营中，自觉地整合和优化校园文化与思想政治教育资源。

（二）统一协调的运行机制

运行机制是影响和制约高校校园文化建设与德育良性互动的内在原理和方式。在校园文化建设与德育的互动实践中，不断地认识和掌握影响这两者互动的各种因素及其运行原理，是至关重要的。通过多样的形式和丰富的内容，可以有效地推动校园文化建设与德育之间的良性互动。

1. 校园文化建设参与德育的机制

高校校园文化活动的多样性和丰富内容是其显著特点，这既包括符合主流价值观的文化内容，也可能包括非主流的文化元素。因此，健康的校园文化活动需要正确的指导思想。在实际操作中，校园文化活动应渗透德育内容，如在活动设计中融入红色文化元素，营造积极的育人氛围。同时，德育应摒弃单调乏味的形式，利用校园文化活动的多样性和参与性来增强德育的吸引力，如通过组织学生参观雷锋纪念馆等形式，使德育内容生动化和具体化。因此，建立校园文化与思想政治教育相结合的机制，可以确保校园文化在正确的思想引导下进行，使思想政治教育更为有效。

2. 高校德育参与校园文化建设的机制

在实际操作中，德育工作往往因单调乏味而与学生兴趣脱节，这与德育工作与学生文化生活的脱节有关，最根本的原因在于德育与校园文化建设的脱节。校园文化建设不仅是文化活动的开展，更包括对整个校园文化的规划。如果德育工作不了解或不融入校园文化的整体建设方向和形式，德育工作就容易失去生动性和趣味性。因此，建立思想政治教育工作与校园文化建设的互动机制，参与校园文化的整体规划和活动实施中，是实现两者良性互动的关键。

3. 高校校园文化建设与德育的统一协调机制

高校的校园文化建设与德育工作是教育活动的两个重要方面，了解并掌握它们之间的互动原则至关重要。这需要将德育与校园文化建设统一协调，实现"高校德育视角下的校园文化"与"校园文化背景下的思想政治教育"的高度统一。校园文化通过物质文化、精神文化和制度文化等方面提升学生的思想素养和道德情操，而德育则通过一定的思想政治观念影响学生，形成符合社会主流价值观的观念。因此，建立两者的统一协调机制，可以通过合力统一校园文化建设的内涵、形式与思想政治教育的内容和要求，实现教育功能的最大效能。

（三）物质与精神并重的保障机制

保障机制是确保校园文化建设与德育互动顺利进行的必要条件，包括组织、制度、财务、理论以及监督五个方面的支持。

1. 自上而下的组织保障

为有效推进校园文化建设与德育的互动，各高校应整合现有资源，成立专门的协调机构，由负责宣传思想或学生工作的党委副书记或副校长牵头。具体执行由党委宣传部或学生工作部负责，其他部门如组织人事部、团委、工会等协同配合。二级学院应具体落实到主管学生工作的党总支副书记和专职思政辅导员。各高校应根据自身情况进行实际安排，确保信息流通，职责明确，从而保障校园文化建设与德育互动的有序进行。

2. 充足的经费保障

经费支持是保障校园文化建设与德育活动正常运行的基础。高校应在年度预算中划拨专门资金，维持相关活动的运行。必要时，可设立"校园文化建设与德育互动基金"，提供专项经费支持。鉴于高校资金有限，教育主管部门应提供必要支持，减轻学校财务压力。同时，高校应积极邀请社会企业参与，提供设备和资金支持，以外部力量促进校园文化与德育互动的良性发展。

3. 全面的监督保障

稳定的监督机制是任何活动持续运行的关键。已建立的长期规划和组织结构后，应定期对校园文化与德育互动的实施情况进行评估，检查各环节的责任落实情况。学校可以定期或每学期由党委牵头，对各部门的参与情况进行评价，奖励优秀，惩处不足。定期召开工作会议，及时交流信息，研究新出现的问题，确保校园文化与德育互动活动的健康、顺利进行。

4. 坚实的理论保障

实践活动需要有坚实的理论基础。深入研究校园文化建设与德育互动的理论，不仅是信息搜集和整理，更关键的是深入理解其本质和规律。通过理论研究，可以探索两者之间的区别和联系，理性规划互动的最佳路径。实践中，高校应鼓励教育工作者研究互动理论，激发全校师生的参与意识。必要时，应重点资助相关课题研究，或成立"校园文化建设与德育互动研究会"，提供坚实的理论支持，推动校园文化与德育互动的活跃实践。

三、选择载体

互动载体是指能够承载和传递校园文化建设与德育互动内容或信息的媒介。不同的载体具有不同的特点，这些特点直接影响校园文化建设与思想政治教育互动的效果，主要表现在覆盖面的广度、承载信息的量以及对象接受程度的难易等方面。

（一）管理载体增强互动效果的实效性

所谓管理载体，是指以提高思想道德素质、规范行为、激发生产和学习积极性，以及推动发展为目的的组织体系。通过这种体系，校园文化建设与思想政治教育互动活动的实施者可以向师生员工明确展示并发出指令和规范，以调适个人与社会之间的关系，使之科学合理且有序有效。

管理载体结合了自律与他律、说服教育与解决实际问题的特点，因此，将管理作为载体实施高校校园文化建设与德育的互动，能够发挥管理工作的权威性和实效性。这种方法将帮助师生员工解决学习、工作和生活中的实际问题与校园文化建设及德育紧密结合，显著提升互动的实际效果。

（二）实践载体促进互动客体的自觉内化

实践载体，包括社会实践和教学实践载体，如果其内容、方式、方法符合大学生的教育接受规律，便更容易在活动中被学生内化，实现教育与自我教育的统一。社会实践载体是校园文化建设与思想政治教育互动的重要工具，有效地统一了互动的途径与方法。教学实践载体则作为学生与社会互动的桥梁，进一步分化为活动类、社团类和基地类载体。

1. 活动类载体

活动类载体指的是高校有意识地开展的包含一定文化素养和思想政治内容的教育活动，旨在提高学生的科学文化素养和道德素质。实际上，校园文化建设与思想政治教育互动本身可视为一系列具体的"活动"，这些活动具有较强的参与性和实践性。如"寝室文化节""学星评选""戏曲小品大赛""颂红诗、唱红歌"等，已经很好地整合了校园文化建设和德育的内容，成为互动的生动载体。

2. 社团类载体

随着学分制的普及和学生管理的社区化，传统的组织如班级、宿舍等影响逐渐减弱，而具有自主性和实践性的学生社团则快速发展。高校学生社团已成为学生主体性发展的重要平台，是校园文化建设和德育的活跃力量，也是互动的有效载体。在校园文化建设与德育互动中，应培养学生的自我教育、自我管理、自我服务的意识，使学生社团成为主要的文化阵地，积极引导社团参与校园文化与德育活动，进一步加强学生联合会的建设，确保社团健康发展。

3. 基地类载体

基地类载体，尽管可能位于校外，但对校园文化建设与德育互动的推动作用至关重要。特别是在工科学校，专业实习基地或就业实习基地通常与学校保持长期合作，许多企业文化与大学精神存在历史联系。在这些基地进行社会实践，学生不仅在学校外的环境中接受教育，还能体验校园文化的传统影响。因此，互动过程中应持续巩固和拓展实习基地，包括勤工助学基地、爱国主义教育基地、海外交流基地等，选派优秀学生参与各类社会实践活动，通过多感官的参与提升学生的情感和认识。

（三）课程载体带动互动氛围的积极营造

课程载体是一种将校园文化建设与德育互动融入政治理论教育、人文素质教育和科技创新教育的主体课程中的方式。通过相关课程的理论学习，帮助大学生树立正确的世界观、人生观和价值观，从而全面提升学生的政治思想水平和学校的校园文化氛围。课程应体现当代马克思主义的最新成果，推动"三进"工作——进教材、进课堂、进头脑，充分发挥德育理论课的核心作用。

为了增强课程的教育性、科学性和通俗性，学校应全面加强教师队伍建设、课程构建和教材开发。积极推进包括教学内容、方法和手段在内的教学改革，建立完善的教材选用和评估反馈机制，确保课程资源在课时安排、经费、场地等方面得到充分支持。

此外，条件允许时，学校应大力开设国学、文学等可以提升学生人文素质的相关课程，尤其在理工科学校中，加强这方面的工作尤为重要。许多优秀的人文社会科学课程已经很好地整合了文化教育和德育内容，通过理论学习的方式让学生吸收知识，促进校园文化建设和德育的发展。这种潜移默化的教育方式，虽然短期效果可能不显著，但其长远影响无疑是深远的，如同一本好书对人一生的影响。

四、优化环境

良好的物质和精神环境是推动校园文化建设与德育良性互动的重要因素。这种环境包括互动系统的外部和内部环境，这两者越是接近理想状态，互动实现的效果就越为显著。

（一）优化外部社会环境，保障互动，坚持正确的价值取向

高校校园文化建设与德育互动需要一个健全的外部环境。历史经验表明，社会经济文化的发展水平和国家政治局势对高校校园文化建设与德育工作具有深远影响，政府官方文件对这些关系的理解也起到了重要作用。因此，在推动校园文化建设与德育互动的过程中，高校需要准确判断全球和国内的社会经济文化走势，引导教育工作者正确理解外部环境的变化，确保校园文化建设与德育互动始终保持正确的价值取向。对于外部环境的优化，需要国家和各级政府加强经济和法治建设，推动社会主义核心价值观，促进中国经济社会全面发展。

（二）优化内部校园环境，提高互动，打造发挥作用的有效机制

虽然社会外部环境对高校校园文化建设与德育互动有间接影响，但高校的内部物

质文化环境对其影响更为直接。因此,在推动校园文化建设与德育互动的过程中,高校的决策者和领导者需要密切关注校内的软硬环境建设,营造民主和谐的政治氛围,树立清新健康的校园风气,开展丰富多样的文化活动,加强物质设施建设,创造优美宁静的校园环境。只有内部环境得到优化,校园文化建设与德育的相互作用才可能增强,引发更多人的参与。

(三) 合理协调内外部环境是形成互动良性运行的最大合力

校园文化建设与德育互动的内外部环境虽然相互独立,但可以互相促进、转化。这要求我们对内外部环境中的正反两方面因素进行适当调节和控制,利用积极因素,克服或抑制消极因素对互动实践的影响,形成协同作用。特别需要注意舆论导向的力量,积极的舆论导向是激发广大师生员工参与校园文化建设与德育互动的"催化剂"。同时,政府部门的大力支持和大众传媒的积极宣传,将对校园文化建设与德育互动的推动作用更为直接和有力。

五、发展主体

高校校园文化建设与德育的互动是一项动态系统工程,其组织者和参与者涵盖了高校中的全体师生。实现互动目标需要全校师生的共同参与,形成一个高效的全员化互动主体队伍。这不仅包括专门的活动组织和实施者,还应鼓励更多相关工作人员参与,并在广大学生中培育活动骨干,实现点面结合。重点是提升参与互动工作的教职工和学生骨干的个人素质和相互促进的能力。

(一) 整合党政工团干部与辅导员、班主任成为互动主体队伍的主力军

有效的校园文化建设与德育互动需要围绕关键环节,解决突出问题。这包括整合现有人力资源形成互动的合力。考虑到校园文化建设与德育的融合是未来高校发展的趋势,故需要形成一支能够承担互动组织、实施和管理工作的队伍。这支队伍主要由学校党政工团干部、学生辅导员和班主任组成。他们不仅是活动的组织者和实施者,还应在学生工作中明确涉及校园文化建设和德育工作的职责,确保这些工作得到有效执行。

（二）吸纳优秀教工、"两课"教师、学生骨干成为互动主体队伍的生力军

校园文化建设与德育互动需要全校师生的广泛支持与参与。除主力军外，应吸纳业务骨干教师，尤其是优秀的青年教师参与校园文化建设。思想政治理论课教师由于其深厚的理论基础和教育使命，是互动实践中不可或缺的力量。同时，学生骨干队伍，包括学生干部、党员及社团骨干，也是互动工作的重要组成部分，他们可以作为活动的组织者和带头人，引导更多学生参与校园文化与德育活动。

（三）提升互动主体队伍成员间相互促进的能力与水平

建立有序的互动主体队伍是推动校园文化建设与德育互动的关键。队伍成员需要具备坚实的政治立场和全面的素质，掌握马克思主义原理、教育学、管理学以及人文社会科学的基本知识。此外，应加强队伍成员间的业务协作，探索岗位轮换等方式，提高互动工作的相互促进意识和能力，确保校园文化建设与德育互动取得更有效的成果。

六、保障投入

确保高校校园文化建设与德育互动的成功实施，必须有充足的人力、物力和资金投入。这尤其重要，在高等院校中对校园文化建设与德育互动认识尚处较低水平的背景下，只有充分的资源保障才能构建起一套完善的互动体系。

（一）保障人力投入，建设高素质主体队伍

构建一个高效化、全员化的队伍需要加大人力资源的投入。这包括综合利用校内外人才，持续推进校园文化与德育互动的专兼职队伍建设，同时，建立适合人才发挥的激励机制、合理任用机制及监督考核的评估反馈机制。由于这是中国高等教育领域中一项复杂的前沿工作，需要根据高标准选拔具有组织能力和相关工作经验的人才。建议在现有的组织结构中设立校园文化建设与德育互动的协调管理委员会，明确相关人员的角色和责任，强化制度建设来指导人才队伍的形成和发展。

（二）保障物资投入，实现效益最大化

校园文化建设与德育互动需要充分的物质支持，这包括教学科研设备、文体活动设施、网络资源及文化活动空间等。投入丰富的物质资源不仅是学校办学能力的体现，也直接影响师生的创造力和整体素质。物质环境的优化可以提升教育效果，使教育活动在优美的环境中更加生动有效。同时，应在年度财政预算中确保这些投入，并采用节约务实的原则优化现有资源。

（三）保障资金投入实现多方共赢

资金是校园文化建设与德育互动成功的关键保障。各级教育管理机构应设立科研基金，鼓励理论研究和互动实践，同时政府应通过法规支持和财政补贴促进这些活动。高校应在其财政预算中预留专项资金，确保足够的经费支持活动的组织和实施。此外，通过企业合作和社会投资，可以引入外部资金帮助高校改进和扩展校园文化与德育互动活动，形成校企合作的双赢模式。

第二节　社会实践中的德育教育

社会实践育人机理涉及在社会实践过程中形成和发展大学生的思想政治品德的活动原理。对大学生社会实践育人过程的深入分析为理解这一机理提供了基础。然而，社会实践育人过程是一项复杂的教育活动，不仅是学校教育的延展和课堂教学的补充，更是大学生自我教育的重要阶段。在这个过程中，大学生的认知发展、思想品德形成、心理成长以及矛盾的解决等方面都在不断进展，而且这些教育环节的发展进程、转化程序及其影响各不相同。因此，为了深入理解育人机理，必须从大学生在社会实践中接触不同教育形式的多种视角和维度进行全面思考。

一、大学生社会实践的复合型育人结构

社会实践中育人结构涉及不同教育形态在实践活动中对大学生施加教育影响的多种教育形式，这些形式通过相互联系、作用或组合来施加影响。社会实践育人结构的

理解可从以下四个方面进行。

（1）大学生在实践育人过程中受到来自多方面的教育影响。

（2）不同的教育形态和形式对大学生产生不同层面和内容的教育影响。

（3）不同教育形态和形式的教育影响在实践中相互联系和作用，按照特定的方式组合。

（4）大学生在社会实践的不同阶段、不同时间和空间，接受不同的教育影响，共同促进其思想转化、价值观形成和行为模式构建。

明确社会实践育人结构对于深化大学生社会实践的研究和探索育人机理至关重要。尽管社会实践育人过程复杂，难以直接观察或用数据推理，但通过系统论观点，我们可以将育人过程视为一个需要揭示的"黑箱"。通过研究社会实践中的育人结构，我们能找到开启这个"黑箱"的钥匙。实践育人的实效性不仅取决于教育者或受教育者的单一作用，而是建立在社会组织、学校、教育者与受教育者及其他因素的相互联系和作用基础上。通过分析社会实践过程中不同教育形态和形式的结构和相互作用原理，教育者可以清晰地理解不同教育形式在整体教育过程中的角色，从而有目的地选择教育形式，设计教育内容，确保每种教育形式都能发挥最大的育人效能，最终增强社会实践育人的实际效果。

（一）大学生社会实践育人过程的复合型结构

大学生社会实践是学校教育与社会教育的综合体。教育学将社会教育、家庭教育和学校教育视为教育的三种基本形态。在社会实践中，大学生接受来自学校和社会的教育，表明社会实践不仅是学校教育的延伸，也是深入社会生活的教育过程。学校教育中的课堂内容通常分为理论和实践两部分，理论是实践经验的总结，旨在指导实践；而实践活动则用于巩固理论知识，展示其实践性。社会实践将课堂知识与实际生活紧密结合，帮助学生调整知识结构，深化理解，并实际应用知识。

广义上的社会教育包含了所有具有教育性质的活动，包括非正式的日常互动和教育对话，以及通过文化、媒体、公共活动进行的无形教育。这种教育形式涵盖范围广泛，几乎包括社会生活的各个方面，能够对个体的成长和发展产生深远的影响。而狭义上的社会教育，则更为具体和有组织，通常由政府机构或社会团体主导，这包括社区教育项目、公共研讨会、训练营和各种官方的成人教育课程等。这些活动通常具有明确的教育目标和结构，旨在提供系统的学习和发展机会。

大学生社会实践活动则将这两种教育形态巧妙地融合在一起，展示了学校教育与社会教育的完美统一。在这种实践中，学校教育的理论知识与社会实践的现实需求相结合，使得学生能够将课堂上学到的理论知识应用于实际问题解决中，从而深化对知识的理解并提升实际操作能力。

在大学生社会实践的过程中，教育者扮演着至关重要的角色。他们不仅负责设计和组织实践活动，还负责制定教育目标和实践指导。这一过程中，教育者通过精心的活动安排和目标设定，引导学生思考、讨论及解决实践中遇到的具体问题，进一步地培养学生的批判性思维、解决问题能力及道德判断力。

同时，大学生社会实践也是一种自我教育的过程。学生在参与社会实践的同时，需要对自我进行反思和评价，通过实践活动中的自我驱动学习，主动寻找信息、解决问题并与他人交流合作。在这个过程中，学生的自我教育在认知、情感、意志力和自我意识等各个层面得到加强。他们不仅学会了如何学习，还学会了如何在社会中以负责任的方式行事，理解和实践社会责任和伦理。

社会实践教育的双向性体现在教育者与学生之间的互动和共同成长中。教育者通过组织化教育的引导和灌输，帮助学生理解和吸收所需的知识与技能；而学生则通过自我教育，将这些知识和技能转化为个人的思想和行动。这种教育方式和需求的相互转化，是实现教育目标的关键，能够确保教育活动不仅限于知识的传授，更包括价值观的培养和行为模式的塑造。最终，这种互动和转化促进了教育效果的最大化，使教育过程成为一种全面且持续的发展旅程。

综合以上分析，大学生社会实践育人结构是一种复合型教育结构，将学校教育与社会教育的教育形态统一起来，并且在实践中融合组织化教育、群体自我教育和个体自我教育，共同作用于学生的成长和发展。

（二）大学生社会实践中复合型育人结构的相互作用关系

1. 学校教育与社会教育的互动

大学生的成长和社会化是内部因素和外部因素共同作用的结果，体现了师塑和自塑的结合。学校教育与社会教育虽在形态上不同，但在育人过程中展现了互补性和统一性。社会教育推动着学生的思想政治品德向社会的要求发展，与学校教育的目标相统一。社会教育虽缺乏学校教育中的计划性和组织性，但其在实施上直接涉及多种社会组织和成员，这为学生提供了丰富的实践经验，补充了学校教育的不足。社会实践活动中，学生通过接触不同的政府机关、企业和社区等，接受多元的教育影响，这些经验成为学校教育的有益补充。

2. 组织化教育与自我教育的相互作用

组织化教育是社会实践中的起点和基础，通过灌输、引导和指导的方式，对学生进行思想政治教育。教育者通过组织化教育影响学生的思想政治品德，是教育过程的主导力量。自我教育从灌输教育开始，是灌输教育的延伸。高度的自觉性是自我教育的目的，且自我教育的能力是在外部教育的影响下形成的。在社会实践中，学生通过群体和个体的自我教育，参与实践，对教育内容进行内化，使其成为社会期望的思想政治品德的体现。

自我教育包括群体和个体两种形式。在社会实践中，团队成员通过彼此的影响促进自我教育，团队的小规模和紧密的社交促进了成员之间的情感交流和知识学习。团队中的领导者或榜样的行为和思想会影响其他成员，促进正面的自我教育。

总之，社会实践中组织化教育和自我教育的相互作用形成了复杂的育人结构，促进了大学生思想政治品德的发展，推动了社会实践活动的深化。这种教育过程中，学校教育和社会教育的统一性、组织化教育与自我教育的互动是不可或缺的，共同构成了大学生社会实践的复合型育人结构。

二、大学生社会实践中的组织化教育机理分析

在大学生社会实践中，组织化教育起到关键的引领作用，为群体自我教育和个体自我教育提供了基础和前提。这意味着，没有组织化教育的牵引，个体和群体的自我教育很难达到预期的教育效果。组织化教育通过教育者的系统灌输和指导，使大学生顺应新的教育环境，接受并内化社会所倡导的思想政治品德，从而促进学生在社会实践中的积极参与和个人能力的提升。

（一）组织化教育中大学生的服从与顺应

组织化教育中，服从体现为大学生接受和遵循教育者的指导和社会的规范。这种

服从不仅是对外在权威的响应，更是对教育活动内在价值的认可。服从的心理基础在于教育的接受者对教育活动的价值和目的的认同，这种认同可能是显性的，也可能是潜移默化中形成的。

服从的表现可以是直接的，如按照教育者的要求执行具体任务；也可以是间接的，如内化教育者传递的价值观和行为准则。这种服从并不是被动的，而是在认知和情感的驱动下，学生选择接受和遵守教育规范。同时，服从也可能伴随内心的矛盾和冲突，学生可能在表面上接受教育者的指导，但内心却保留自己的观点和判断。

在组织化教育中，灌输是实现教育目的的重要手段。教育者通过灌输将社会价值、知识和行为规范传递给学生，使学生的思想和行为与社会要求相匹配。灌输的过程涉及内容的选择、灌输的主体、灌输的方法等方面。

（1）内容的选择：灌输的内容应当包括基础的思想政治理论、道德规范、社会技能等，这些内容对形成学生的社会适应性和职业能力至关重要。

（2）灌输的主体：主要是教育者，包括教师、社会工作者、社会实践指导者等。他们不仅需要具备相应的专业知识和教育技能，还应了解学生的具体情况，以便更有效地进行教育和指导。

（3）灌输的方法：应采取多样化的方法，包括讲授、讨论、案例分析、角色扮演等，以增强灌输的效果，使学生能够在实践中理解和运用所学知识。

服从和顺应虽是组织化教育中的常态，但背后的心理动态复杂多变。学生的服从可能是基于对教育价值的认同，也可能是出于对权威的尊重或压力的响应。顺应则更多地涉及心理的适应和调整，学生需要在内心深处接受并融入新的教育环境和社会规范。这一过程不仅要求教育者的引导，也需要学生主动的心理调整和行为改变。

通过这种深层次的服从与顺应，组织化教育在大学生社会实践中才能达到其育人目的，促进学生的全面发展。这种教育过程要求教育者具备高度的责任感和专业能力，同时也需要学生具备开放和接受的心态。

（二）组织化教育中大学生的理解与迁移

在组织化教育过程中，大学生的理解和迁移是关键环节，这两个概念帮助解释了教育内容如何被学生接受和内化，并在实际行动中得以应用。理解是教育过程中学生认识、领悟教育内容的思维活动，而迁移则涉及将学到的知识和技能应用到新的情境中。

1. 理解的多维性

理解不仅是对知识点的把握，更包括对知识背后联系和规律的深入洞察。在组织化教育中，大学生需要理解的不仅是表面的事实或信息，还包括这些知识如何与现实世界相联系，即理解教育内容的深层意义和实际应用。例如，教育者不仅传授理论知识，还需要解释这些理论如何与大学生的未来职业和日常生活相结合。

2. 教育者的角色

教育者在这一过程中起到关键的引导作用。他们不仅是信息的传递者，更是引导学生如何思考和应用这些信息的导师。在社会实践中，教育者通过各种教育活动帮助学生从理论到实践，指导他们在现实环境中应用所学的知识和技能，从而促进知识的深层理解和实践能力的提升。

3. 迁移的实现

迁移是学生将在教室里学到的知识应用到实际生活中的过程，这一过程需要学生在教育者的帮助下，能够将学术知识转化为解决实际问题的工具。在社会实践中，迁移表现为学生如何将课堂上学到的理论运用到社会服务、职业发展等实际场景中。有效的迁移不仅加深了学生对知识的理解，也增强了他们的实际操作能力。

4. 迁移的促进

教育者应采取策略，促进知识的正迁移，避免负迁移的发生。这包括精心设计教学活动，使教学内容与学生的现实生活和未来职业紧密相关，以及在教学过程中创造机会，让学生在模拟和现实环境中实践所学知识。例如，通过案例研究、角色扮演和实地考察等教学方法，使学生在多种情境中应用理论知识，从而理解其跨情境的适用性。

通过这些教育策略，组织化教育不仅增强了大学生的学术理解，也提高了他们将学术理论迁移到实际问题解决中的能力。这种教育方式促进了学生全面的认知发展，使他们能够在复杂的社会实践中，自如地应用所学知识，展现出理论学习与实践应用的无缝对接。

（三）组织化教育中大学生的唤起与激发

在组织化教育过程中，对大学生的唤起与激发是至关重要的，这关乎教育活动的效果以及学生的个人成长和发展。唤起是激发学生主动参与和接受教育的内在欲望，而激发则是教育者通过各种手段促使学生实现自我超越的过程。

1. 唤起的重要性

唤起指在教育过程中引发学生自发接受并积极参与教育活动的心理状态。这种状态通常由学生对自身与社会期望之间存在差距的认识所触发，从而激发出他们改善自我、达到理想状态的欲望。教育者在这一过程中扮演关键角色，通过传达和强化教育内容，帮助学生明确自我与理想自我的差距，从而激发学生对知识的渴望和对成长的追求。

2. 激发的目标

激发旨在促使学生充分认识自己的潜能和优势，从而增强自信和积极性。在组织化教育中，教育者通过设计富有挑战性的社会实践活动，引导学生实现自我教育和自我提升，使学生在参与中感受到个人成长的乐趣和实际效益。这种教育方式不仅关注知识的灌输，更注重通过实践活动的设计激发学生的动机和兴趣，从而使学生在实践中主动寻求发展和突破。

3. 教育者的策略

在实现唤起和激发的过程中，教育者需要采用多样化的策略。这包括：

（1）目标设置：明确设定实践活动的学习目标和期望成果，使学生有明确的方向和动力进行探索和学习。

（2）情感投入：教育者应建立情感联系，通过教育者的热情和关注来激发学生的参与热情。

（3）模范引领：利用榜样的力量，尤其是同龄榜样，增强学生的可实现感，使学生看到成长的可能性和路径。

（4）反馈机制：建立有效的反馈和评价系统，让学生了解自己的进步和不足，调整学习策略和行为方式。

4. 教育内容的渗透

教育者应通过各种教学活动和社会实践，将理论知识和社会要求渗透到学生的学习和生活中。这种渗透应是细致且富有启发性的，通过具体的实践活动让学生在实际操作中理解和体验理论知识的应用，使知识的传授不仅仅停留在表面，而是深入到学生的思维和行为中。

通过这些方法，组织化教育能够有效地唤起和激发大学生的学习动力和参与热情，使他们在认知和情感上都能得到充分的发展，最终实现自我提升和社会适应的教育目标。这种教育方式强调学生的主动参与和自我驱动，是现代教育中不可或缺的一环。

三、大学生社会实践中的群体自我教育机理

在高校环境中，群体生活是大学生生活的重要组成部分。年龄相近且共享成长目标的大学生往往在班级、社团、宿舍以及网络社群中形成群体。这些群体不仅提供社交的平台，也是自我教育的重要场所。大学生通过社会实践活动中的群体互动，实现了从众行为、情感共鸣以及模仿学习等多种自我教育机制的育人效果。

（一）从众与感染效应

从众行为是个体在群体中为了避免与众不同而采取的行为模式。这种行为常因以下几个心理动因而发生：

1. 多数服从规则

个体往往倾向于信任并随从多数人的行为，如新生见到老生积极参与志愿活动，也会跟随参加。

2. 心理压力

在团体中，与众不同可能导致被孤立或惩罚的恐惧，促使个体服从多数以获得安全感。

3. 心理确定性需求

在确定的环境下（如学分需求明确指出参与实践活动），从众现象可能不会出现；而在不确定的情境中（如对实践流程不明确），从众行为更为常见。

从众行为的背后，是个体对于团体认同和心理安全的需求，通过观察并模仿多数人的行为，个体尝试减少内心的不确定性和焦虑。

感染效应则是群体中情感状态的无意识传递，这一过程不依赖于外部压力，而是通过成员间自然发生的情绪交流和态度共鸣。例如，一个团队成员的积极态度可能会

通过非言语的方式影响其他成员，从而使整个团队形成一种正向的动力。感染效应显示出群体中个体的易感性，如何在无形中接受群体中流行的行为模式和情绪反应。

在大学生社会实践中，理解和运用从众和感染效应可以有效促进教育目的的实现。教育者可以设计活动，促进正面的从众和感染效应，例如：

正面示范：通过展示积极参与实践活动的学生典型，鼓励新生加入和模仿。

团队建设活动：通过团队合作任务，增强团体凝聚力，利用团体内的正向压力促进成员间的相互学习和支持。

情绪管理工作坊：教育学生如何识别和表达情绪，增强个体在群体中的情绪感染力和抗压能力。

通过这些策略，不仅增强了大学生的社会实践体验，也加深了他们在群体中的自我教育效果，促进了个人与集体的共同成长。

在大学生社会实践中，示范效应与模仿效应扮演着核心角色。示范行为意味着通过行动展示可供他人学习的典范，这是教育过程中的一种有效方法。在多样化和个性化显著的大学生群体中，某些学生或特定事件常常成为行为和思想的典范，引导其他学生提升自我认知和规范行为。

（二）社会实践团队内部的示范与模仿效应

示范行为的根本在于展示一种行动或态度，使其成为学习的参照。例如，在社会实践中，学生党员和学生干部因其在学习和领导能力上的优势，往往自然成为其他团队成员的模仿对象。

模仿行为在社会心理学中被广泛认为是一种学习过程，通过观察和模仿来缩短学习周期并形成特定的行为习惯。模仿可能是本能的，也可能是为了适应新环境或是经过深思熟虑的选择。在大学生社会实践团队中，模仿通常聚焦于那些被认为是积极的行为模式，如积极的沟通方式、专业的工作态度和良好的人际交往技能。

模仿的动因包括好奇心、适应性以及进步的愿望：

1. 好奇心驱动的模仿

新奇的行为或技能会激发学生的好奇心，尝试模仿这些行为通常能带来心理上的满足感。

2. 适应性模仿

在面对挑战或困难时，学生可能会模仿那些已经成功应对同类情况的同伴。例如，通过就业见习积累经验的学生会成为新生的模仿对象。

3. 进步驱动的模仿

每个人都希望在生活的各个阶段取得进展。看到他人在某一领域取得的成功，尤其是在学习和职业发展上，会激励学生模仿那些积极的行为模式。

示范和模仿在社会实践中起到了重要的教育功能，不仅促进了知识和技能的传递，还有助于塑造学生的个人品德和职业态度。通过榜样的力量，可以显著提高教育活动的效果，使学生在模仿中自我提升，逐步实现个人生活与职业生涯的成功。教育者和团队领导者应充分利用这一机制，选拔和突出那些能够积极影响他人的榜样，以此来激励和引导学生朝着积极的方向发展。

（三）大学生社会实践团队中的合作与冲突处理

在大学生社会实践中，团队合作与冲突处理是群体教育的重要组成部分。合作是群体成员协同行动以实现共同目标的行为，而冲突处理则是解决团队内部不可避免的矛盾和分歧。

1. 合作的必要性和表现

合作是群体行为中的基石。在社会实践中，合作表现为团队成员根据活动目标进行有效的分工与协作，每个成员依据自己的能力和实际情况参与到团队活动中，特别是在遇到具体问题和困难时，通过相互帮助和团结应对，增强了团队的凝聚力。这种合作不仅促进了任务的完成，也培养了学生的责任感和协作精神。

2. 冲突的产生与影响

由于个体之间的差异，如能力、认识水平、性格等，团队成员间不可避免地会产生矛盾，这些矛盾有时会激化成冲突。冲突通常表现为对方法、计划或行动方案的不同见解，这可能在实践活动中导致意见分歧，甚至言语争执。虽然冲突可能带来困扰，但它也是推动事物发展的动力，通过对冲突的适当管理，可以促进团队成员的个人成长和团队目标的实现。

3. 冲突的处理方法

团队内的矛盾和冲突通常通过几种方式解决。

角色调和：提升团队负责人的调解能力，使其在矛盾中扮演中立和调和的角色，帮助双方找到双赢的解决方案。

沟通与交流：通过开放的讨论和沟通来解决问题，使用理性的对话来促进理解和共识。

分析矛盾根源：深入分析矛盾产生的根本原因，寻找双方诉求的平衡点，适当时借助指导教师的权威进行干预。

冲突化解教育：将冲突解决过程视为教育机会，培养学生解决复杂问题的技能，提高处理人际关系的能力，从而促进个人综合素质的全面发展。

通过这些方法，社会实践中的冲突不仅能得到有效管理，还能转化为促进学生学习和成长的动力。在解决冲突的过程中，学生能增强自我反省的能力，学习如何在未来的职场和生活中处理复杂的人际关系。

四、大学生社会实践中的个体自我教育机理分析

在大学生社会实践中，个体自我教育机理是至关重要的，其聚焦点主要是大学生个体。无论是教育者的教学活动、社会教育，还是群体自我教育，最终目的都是促进大学生个体的成长和发展。个体自我教育被视为社会实践育人过程的核心，理解其机理对于提升社会实践的育人效果至关重要。

个体自我教育是以大学生的内心世界和个人发展为核心，是整个教育过程的终极目标。在这个过程中，每个个体都是自我教育活动的关键参与者。个体自我教育不仅是接收信息的过程，也涉及知识、情感、意志和信念的内在变化与发展。通过这些相互联系和作用的心理过程，大学生能够形成和发展符合社会要求的思想政治品德，完整体现了个体自我教育的动态机理。这种机理不仅帮助学生适应社会的要求，还促进了他们作为独立个体的全面成长。

（一）大学生在社会实践活动中的体验与筛选

在社会实践中，大学生通过个体自我教育机制探索自我成长的途径。这一过程主

要涵盖了体验与筛选两个关键环节，这不仅涉及实际操作，也涉及深层的心理活动。

1. 体验的双重层面

体验在社会实践中具有两个基本层面：实践层面和心理层面。在实践层面，体验是大学生直接参与各种活动，如参加田间劳作或公益活动，通过亲身体验加深对劳动的认识和情感。例如，当大学生作为社区干部助理，处理日常事务时，他们不仅在实践中学习，也在体验他人角色，从而深化理解与同理心。

心理层面的体验则关注于通过感知和理解他人的情感状态来产生情感共鸣。例如，当大学生在敬老院关怀老人时，他们不仅是在完成一项任务，而是在感受老人的孤独与痛苦，从而在心理上与这些情感产生共鸣，这种体验是理解和同情的基础。

2. 信息的筛选与应用

在社会实践中，大学生接触到的信息海量且复杂，因此筛选对他们来说至关重要。筛选的标准通常反映了学生的需求和以往的生活经验，这些标准指导他们选择能够促进思想政治品德形成的知识和体验。筛选过程往往涉及比较不同信息源的有效性和相关性，例如在农村牧区的调查中，学生通过比较不同村庄的发展模式，筛选出那些成功的策略和做法，这有助于他们深刻理解中央政策的实施重要性。

此外，在企业实习和市场调研中，大学生通过观察和分析不同企业的运营模式和市场适应策略，进行信息的筛选，从而确定自己的职业方向和发展策略。这一筛选过程不仅是对信息的过滤，也是个体自我教育的一部分，使学生能够识别和利用对自己成长最有益的信息和经验。

通过这样的体验和筛选，大学生能够在社会实践中获得必要的生活技能和职业能力，同时在思想政治品德上得到锤炼和提升。这一过程显示了社会实践在高等教育中的核心作用，不仅是知识传授的场所，更是品格形成的熔炉。

在社会实践中，大学生的个体自我教育不仅涉及对信息的筛选，还包括通过实际体验对这些信息的验证以及进一步的心理认同。这一过程是理解和内化教育内容的关键步骤，对于促进学生的全面成长具有重要意义。

（二）大学生在社会实践活动中的验证与认同

1. 验证的实践意义

在社会科学领域，验证通常不通过实验室实验完成，而是通过直接的社会参与和体验来实现。这种行动验证方法使大学生能够将理论与实际情况联系起来，如通过参与社区服务活动来体验和验证社会主义市场经济理论的实际应用。例如，大学生可能在社区助理角色中参与解决邻里纠纷，通过这些亲身经历，他们能够验证社会和家庭道德的重要性，这种验证过程加深了他们对社会结构和个人行为之间联系的理解。

2. 心理认同的形成

验证过程之后，大学生需要对其结果形成心理上的认同。认同是一个复杂的心理过程，其中情感成分起着决定性作用。学生可能会因为对某个团体或个人的喜爱而开始模仿其行为和信仰。在社会实践中，这种认同可能源于对社会主义核心价值观的理解和接受，或是通过实践活动对这些价值观的深刻体验。例如，大学生通过参与"文明城市"建设项目，直接观察到这些活动对社会环境造成的积极变化，从而在心理上认同并接受"文明"作为一种社会价值。

通过这样的验证和认同过程，大学生能够更深入地理解和接受社会实践中遇到的各种社会理论和政策，同时形成对社会责任和个人行为规范的深层次认同。这不仅是知识的传递，更是价值观的内化，是社会实践教育的核心目标之一。

（三）大学生在社会实践活动中的改变与转化

在社会实践中，大学生的感情认同经过理智的筛选和判断后，会与已有的信念和价值观相结合，形成以认知成分为主导的态度。这种态度的形成和变化本质上是实践的产物，体现了个体在社会实践中的经验积累。实践不仅能够形成态度，还能改变现有的不当态度，是塑造正确社会态度的有效方式。

1. 态度的形成与改变

大学生通过社会实践，观察并理解现实生活对人的各种要求与自身能力和素质之间的不匹配。这种认识上的差距会引发心理不适，如紧张感和压抑感等，成为推动态度改变的心理动力。通过努力减轻这种心理不协调，大学生可以重新调整自己的认知，从而改变态度。例如，通过实践活动，大学生可以更加深刻地体会到中国特色社会主义理论体系的实践成就，增强对这一理论的信仰和价值追求。

2. 学术与职业态度的转变

特别是对于那些在高考志愿填报过程中由于对专业认识不足而选择了与自己兴趣

不符的专业的学生，社会实践活动如就业见习可以显著改变他们的学习态度。例如，通过在实际工作中体验专业知识的应用，学生可以感受到学习的重要性，从而改变他们对专业的态度，增强学习动机和专业自信。

3. 思想观念的转化

态度的转化进一步促进了思想观念的转化，形成更为稳定的世界观、人生观和价值观。社会实践使大学生的思想政治品德从简单的认同逐步转变为深层次的价值追求。这一转化过程是自我认识、自我确认和自我改变的矛盾动态，通过不断的自我挑战和自我超越，学生能够逐步整合理想与现实，推动思想的持续发展。例如，社会工作专业的学生通过在社区服务中的实践体验，可能从最初的不喜欢转变为对专业的热爱和认同，逐步建立起强烈的专业精神。

（四）大学生在社会实践活动中的反省与纠错

在社会实践中，大学生通过反省和纠错来进一步深化个人的自我教育过程。反省，即内省，是指个体对自己的行为和心理活动进行深入的审视和批判性思考。这一过程不仅促进创造性思维的发展，还增强独立思考能力，为持续的自我完善奠定基础。

1. 反省的重要性和过程

反省在社会实践中对大学生至关重要，它帮助学生培养批判性思维和开放性思维，使学生思路更为开阔，理解更加深入，同时激发创新意识。反省不是一次性的活动，而是一个持续、反复的过程，需要学生在冷静和沉着的心理状态下，反复深入地思考。例如，参与历史场馆的参观或社会调查可以深化学生对历史和社会责任的理解，进而反思自己的行为。

2. 纠错的必要性和方法

在反省的基础上，大学生会意识到自己在思想、行为上的偏差，并进行必要的纠错。纠错是认识发展中的重要环节，通过识别和改正错误，学生能够在认知和行为上达到更成熟的阶段。纠错不仅涉及思想政治品德，也包括世界观、人生观和价值观的调整。错误可能源于知识的不足、陈旧的思维模式，或是受环境的不良影响。通过社会实践，学生可以在现实环境中检验和修正这些错误，以促进个人成长。

例如，社会实践中的就业见习或社区服务不仅让学生实践理论知识，还促使他们反思专业知识的实际应用，从而调整自己对专业的态度和未来职业的选择。通过这些活动，学生能够更准确地评估自己的能力和兴趣，对自我认识有了更深刻的理解和接受。

总之，反省与纠错是大学生在社会实践中不可或缺的心理和认知活动，它们有助于学生发现和纠正自身的不足，促进个人的全面发展。

（五）大学生在社会实践活动中的强化与升华

在大学生的社会实践活动中，当个体的缺点和不足被识别并得到纠正后，接下来的关键步骤是巩固和加强这些新形成的思想和行为模式，进一步提升和升华。这个过程，不仅涉及外在行为的改变，更是内在心理动力的强化和升华。

1. 强化过程的重要性

强化是一个自我驱动的过程，而非外部强迫。它是个体自我教育过程中自然而然发生的，表现为从较弱到较强的连续发展。在社会实践中，大学生通过与既定目标的比较，评估自己的成就是否达到或超越了期望，从而产生自信和成就感。这种正面的心理体验强化了个体的自我认同，增强了向目标迈进的内在动力。例如，参与环保项目的学生可能会通过实地调查加深对生态保护的理解，从而更加积极地参与到环境保护的实际行动中，这种行为的持续投入是强化的直接体现。

2. 升华的过程和意义

升华则是一个更深层的心理过程，涉及将低级的冲动转化为高级的目标追求。它通常发生在个体经历了一系列的自我验证和强化后，意识到自身与社会期望之间的差距，并努力将这种差距转化为更高层次的个人发展和价值追求。例如，大学生在教学或社区服务中直接体验到教师的辛劳和学生的需求，从而激发了更深的职业热情和服务社会的决心。

具体到实践活动中，当大学生通过实践活动感受到专业知识的现实意义和社会价值时，他们的职业理想和生活目标可能会发生根本性的变化。例如，通过参与乡村教育实践，学生不仅仅是理解教育的社会职能，更能深刻感受到帮助他人的满足感，这种经历可能促使他们从事教育行业，将个人发展与社会贡献结合起来。

在大学生的社会实践活动中，强化和升华不仅帮助学生巩固新学到的知识和技能，更重要的是帮助他们将这些学到的东西转化为内心的信念和长期的行动指南，从而在不断地实践中实现个人的成长和完善。这个过程是循环往复、逐步递进的，反映了从知识到行动，从表层学习到深层内化的转变。

大学生社会实践活动是社会教育的重要组成部分，既延伸了校园教育的功能，又独立承担着塑造学生思想政治品德的责任。通过社会实践，大学生不仅能增长才干、发展能力，还能更好地实现自己的社会化。探究这一过程如何助力大学生实现社会化的原理，是教育工作者必须深入考虑的问题。

五、社会教育中的育人机理分析

人的社会属性决定了社会化不仅是必要的，而且是不可避免的。社会化包括了社会对个体的文化教化以及个体对社会的适应与调节，表现为个体与社会成员之间的动态互动。通过参与广泛的社会互动，大学生能够在实践中逐步接近社会要求的思想政治品德。社会实践活动本质上是一个德育过程，教育者需要在这一过程中维持与学生思想政治素质发展之间的张力。

在社会实践中，大学生通过多种方式如社会观察、自我评价、角色扮演和社会适应等途径提升自己的认知水平，转变思想，调整行为，并在此过程中逐步形成和发展社会所期望的思想政治品德。

（一）社会观察与社会学习

1. 社会观察的重要性

社会实践活动中，大学生通过对社会的直接观察来学习和掌握社会的道德规范和知识。这种学习基础是观察他人行为及其结果，形成一种替代性学习或观察学习。通过这种密切的观察，大学生能够接受并处理外部信息，进而调整自己的行为，实现社会学习的目的。

2. 观察学习的组成

观察学习涉及多个步骤：注意、记忆保持、行为复制和动机形成。在实践活动中，大学生会与当地社会成员频繁互动，他们的行为和个性特征会影响学生的注意过程。记忆保持阶段，学生将观察到的行为内化为记忆，为未来的行为提供指导。在复制阶段，学生尝试模仿社会成员的行为，并对执行的成功进行自我评估，这一评估将促进动机的形成。整个过程中，动机是维持和推动学习活动的关键因素。

通过这些复杂的心理和社会过程，大学生不仅学习到了具体的知识和技能，更重要的是，他们学会了如何成为一个负责任和有道德的社会成员。这些过程共同推动着大学生的社会化，帮助他们更好地适应并贡献于社会。

（二）角色引导与意识发展

角色，按照社会学的定义，是个体在社会中所处位置决定的行为模式。这些行为模式不仅反映社会对个体的期望，也塑造个体的心理状态，使其与期望行为相匹配。在社会生活中，个体扮演多种角色，这些角色随着个体的生活阶段和环境而变化。例如，大学生在家中是子女，学校中是学生，而进入职场后，他们则需扮演公司或机构中的具体职位角色。这种社会角色的形成在很大程度上取决于个体的社会意识。

社会意识是个体与外部世界的互动过程中形成的，虽然不完全由外部环境决定，但外部环境的变化可作为个体社会意识发展的催化剂。在社会教育中，社会现实不断地向大学生提出新的挑战和要求，成为推动他们社会意识形成和发展的动力。这促使大学生持续地从外界吸收信息，不断地更新其思想和道德观念，逐渐形成对社会的全面理解。

随着社会意识的形成和发展，大学生逐渐对自己的社会角色有了更清晰的认识，并努力适应这些角色，以缩小现实与期望之间的差距，达到期望的社会地位。

在成长的过程中，大学生大多时间被限定在家庭和学校这两个相对封闭的空间内，与社会的直接接触相对有限。这种局限性影响了他们社会意识的发展，因为家庭和学校主要关注智力和学业成就，而不是社会适应能力。在社会实践中，大学生面临着扮演新角色的挑战，必须快速适应并满足现实社会的多样化需求。例如，通过在工厂和企业的实习，大学生不仅能够学习必要的技术技能，还能学习如何在职场上与人沟通、合作，并处理职场关系，这些经历有助于他们形成成熟的社会意识和职业身份。

（三）自我评价与社会比较

自我评价是个体对自己的社会地位、道德品质、心理特征、智力水平及知识结构等方面的自我判断和估价。在社会实践活动中，大学生通过与社会要求及其他社会成员的比较，能够更准确地看到自身与社会标准之间的差距，并进行有效的自我评价，以识别自身的不足和明确改进方向。社会中缺乏绝对的评价标准，因此自我评价往往具有相对性，受到与他人的比较过程的影响，这种比较是一种状态的比较，即通过将自己的状态与他人的状态进行对比，以获得明确的自我评价。

在社会实践中，大学生会经常与他们注意到、观察到或接触到的其他社会成员进行比较。这种社会比较通常导致三种自我评价情况：

（1）自我评价高于实际：例如，在研究农民工的生存状态时，体验到他们在建筑工地的艰苦环境，并了解到他们的家庭背景，大学生可能会因比较自己相对较好的学习和生活条件，而产生较高的自我评价，进而感到自信甚至自满。

（2）自我评价低于实际：当大学生在高科技企业实习时，面对先进的工艺流程和高效的生产理念，若感到自己的技能和知识与要求之间存在较大差距，可能会产生自卑感，感到不足。

（3）自我评价符合实际情况：在创业型企业的实践学习中，大学生通过了解与自己年龄相仿且成功的企业家，可能会发现他们的教育背景、学习经历与自己相似，这可能激发他们对创业的兴趣和动机。

这三种自我评价的情况都明显显示出自我评价与社会比较在大学生的社会化过程中发挥着关键作用，帮助他们定位自己在社会中的位置，明确发展方向。

（四）社会认同与社会适应

成为"社会人"的核心在于社会适应，这不仅是适应宏观的经济、政治、文化环境，也是对其所处具体小环境的适应。这些小环境，如学校、工作单位、社区等，具有空间的具体性和时间的稳定性，因此，对这些环境的适应于社会化尤为关键。在社会学中，这些小环境被称为"亚社会"，它们是相对于更大社会背景的直接社会环境。

在社会教育中，社会化的过程涉及社会对个体的持续稳定的支持和引导，建立在一定的社会认同之上。社会教育的目标是培养大学生形成和发展符合社会要求的思想政治品德，关键在于学生对其所处社会的认同感。只有当个体强烈认同其社会环境时，才会自觉地接受和遵循该社会的道德和行为规范。

认同是归属感的前提，而归属感是人的基本需求之一，对个体的行为动机和自我调控有深刻影响。首先，个体需要有归属的群体或组织，归属感表现为对这些群体的认同、满意和依恋。在社会教育中，这些群体包括社会实践的单位、部门及各类组织，以及学生所在的实践团队等，它们构成了亚社会环境。

对这些社会组织的归属感有助于大学生对社会组织的认同，从而影响他们对社会角色的认定、职业生涯的规划，以及未来行业和职业的选择。这种认同感和归属感有助于学生在未来融入社会，适应各类社会组织，应对来自群体工作和生活的压力。

社会教育通过促进大学生的社会认同和适应，推动他们进入社会化过程。在这一过程中，认同、适应和归属感相互联系、相互作用，共同促进学生的社会化发展。社会教育中的这些育人机理，通过相互联系和作用，推动大学生社会化的进程，影响社会化的各个领域。

结语：大学生德育教育与管理模式的未来展望

在当前高等教育环境中，大学生德育教育与管理模式面临着新的挑战和机遇。随着社会的快速发展和全球化趋势的加剧，大学生的道德和社会责任感教育显得尤为重要。未来的德育教育与管理模式建构需要深入探索与创新，以适应这一变化。

（一）更加注重培养学生的全球视野和跨文化交流能力

在当今世界，全球化的趋势日益加深，国际合作与交流成为常态，这要求新一代大学生能够在多元文化的环境中展现出开放和包容的心态。理解和尊重不同文化的价值观不仅是国际化职场的需求，也是当代社会公民的基本素养。

为了应对这一挑战，高等教育机构需要在德育课程设计中加入更多国际视角和跨文化的内容。这不仅包括传统的文化交流理论，还应包括当前国际关系、全球政治经济动态以及国际文化差异和社交礼仪等实用内容。例如，通过设置相关课程，让学生了解全球不同地区的历史背景、宗教信仰、社会习俗和商业实践，以培养他们的全球意识和跨文化理解力。

此外，高等教育机构应鼓励学生参与国际交流项目，如学期交换、海外实习、国际会议等。通过这些实践体验，学生不仅可以直接接触和理解不同的文化背景，还可以在实际交流中学习如何有效沟通与合作，处理跨文化中可能出现的误解和冲突。实际体验是提升跨文化交流能力的最有效方式，它可以极大地增强学生的适应能力和解决问题的能力。

综上所述，将国际视野和跨文化教育纳入德育课程中，不仅能帮助学生构建更为广阔的世界观，还能促进其在全球化世界中的竞争力和生存能力。通过这种教育模式的创新，未来的大学生将能更好地在全球舞台上发挥作用，成为促进国际理解和世界和平的桥梁。

（二）强化德育教育中的实践性教学

面对快速变化的社会环境，未来的德育教育需要突破传统的课堂教学模式，更多地将学生引入到真实的社会环境中。例如，通过组织社区服务、志愿活动和参与公共项目，学生可以在实际环境中学习如何识别社会问题、承担社会责任并积极参与社会活动。

这种实践性教学的目的是使德育教育与学生的日常生活紧密结合，将道德与公民教育从理论抽象转变为具体行动。通过实践，学生不仅能学习到如何在现实生活中应用道德和法律知识，更能在处理实际问题的过程中，培养其解决问题的能力和创新思维。

例如，学生参与社区建设项目，可以让他们直接参与到社区的环境改善、老年人关怀、贫困帮扶等活动中，这些活动能够让学生感受到个人行动对社会的积极影响，从而增强他们的社会责任感。同时，通过与社区成员的直接交流和合作，学生能够更好地理解和尊重社区多样性，促进个人的全面发展。

此外，引入案例研究和角色扮演等教学方法，也可以让学生在模拟环境中学习如何面对道德困境和社会冲突，提高其道德判断和伦理决策的能力。这种方法不仅让德育教育更具吸引力，还能提高学生的参与度和学习兴趣。

总之，通过实践性教学，德育教育将不再是单一的道德灌输，而是通过多种形式的实践活动，结合理论与实际，全面提升学生的社会责任感、公民意识和实际操作能力。这种教育模式的转变，是适应现代社会发展需求的必然选择。

（三）加强信息技术的应用

未来的德育教育需要加强对信息技术的利用，创新教育方式和手段。随着信息与通信技术的迅速发展，利用网络平台、虚拟现实、增强现实等新兴技术手段进行德育教学将成为趋势。这些技术能够提供更加丰富多样的教育资源，使教育内容更具吸引力，同时也能够打破时间与地理的限制，提供个性化的学习体验。

教育机构应探索如何利用这些技术进行有效的教学。例如，开发在线德育课程可以使学生在任何时间和地点都能接受教育，增加学习的灵活性。通过网络平台，教育者可以发布教学视频、组织在线讨论和进行实时反馈，从而提高学生的参与度和互动性。

利用虚拟现实技术模拟社会实践场景，如模拟不同的文化交流场景或道德决策情境，可以使学生在沉浸式的环境中体验和学习，增强理解力和实际操作能力。这种模拟不仅可以提供传统教育难以实现的深度体验，还可以在安全的环境中让学生面对复杂的道德问题和社会挑战，进行决策训练。

此外，信息技术还可以用于跟踪和评估学生的学习进度和行为变化，帮助教育者更好地理解学生的学习需求，调整教学策略，实现教学的个性化和精准化。这种数据驱动的教学方法可以使德育教育更加科学和有效。

综上所述，未来德育教育应积极融合最新的信息技术，不断创新教育方式和手段，以适应数字化时代的要求，同时也为学生提供更加全面和深入的教育体验。这将不仅增强德育教育的互动性和实效性，还将促进学生全面发展。

（四）关注学生的个性化需求

未来的德育教育与管理模式应更加关注学生个性化的发展需求。鉴于每位学生的成长背景、兴趣爱好和价值观念的多样性，德育教育需要摒弃传统的"一刀切"教学模式，而是采用更为灵活和多元的教学策略，尊重并适应个体差异。

教育机构应致力于开发和实施定制化的道德教育路径，这包括利用学生兴趣点来设计课程内容，或者根据学生的道德发展阶段来调整教育方法。例如，对于显示出特别兴趣或需求的学生，可以提供深入的课程和活动，以促进其在特定领域如公民意识、环保意识或全球责任感等方面的成长。

此外，应用心理学原理和行为科学可以帮助教育者更好地理解学生的个性和需求，从而提供更加个性化的指导和支持。这种方法不仅有助于学生认识和建立自己的价值观，还能激发他们的内在动机，引导他们在道德行为上作出更明智的选择。

通过实施这些策略，未来的德育教育将能够更加精确地回应每个学生的特定需求，不仅仅是在知识传授上，更在于培养学生的综合道德素质，最终实现每位学生的全面发展和自我实现。这种个性化的德育方案将更有可能培养出既有独立思考能力又具备强烈社会责任感的未来公民。

综上所述，未来的大学生德育教育与管理模式应是一个动态、互动和个性化的系统，旨在培养具有全球视野、实践能力和高度社会责任感的现代公民。这不仅要求教育工作者具备前瞻性和创新能力，也需要学校管理体系进行相应的改革和调整，以适应这一教育趋势的转变。

参考文献

[1]张婕．大学生德育教育的发展与创新研究[M]．长春:吉林出版集团股份有限公司,2021.

[2]唐博．大学生德育教育创新研究[M]．长春:吉林文史出版社,2020.

[3]邹娟．多元文化视角下大学生德育的创新发展[M]．长春:吉林大学出版社,2021.

[4]张迪．新时代大学生德育工作创新实践研究[M]．汕头:汕头大学出版社,2021.

[5]苏少丹．高校德育实践研究[M]．北京:中国纺织出版社,2022.

[6]刘畅．德育视域下的大学生创新素质培养研究[M]．成都:电子科技大学出版社,2019.

[7]宋晓宇．高校德育工作创新与发展研究[M]．北京:北京燕山出版社,2023.

[8]黄威．适情德育思考与实践 温职专专业德育读本[M]．天津:天津大学出版社,2021.

[9]程样国,闵桂林．新时代大学生德育问题新探索[M]．南昌:江西高校出版社,2018.

[10]杜琳琳．新媒体时代大学生德育教育研究[M]．成都:电子科技大学出版社,2017.

[11]杨福荣,邰蕾芳．中国传统文化与大学生德育教育研究[M]．西安:西安交通大学出版社,2017.

[12]尚晓丽,邹山丹,孙威,等．听障大学生工作室制育人模式[M]．北京:中国纺织出版社,2022.

[13]周玫．大学生美育问题研究[M]．贵阳:贵州科技出版社,2019.

[14]易琼．德育有力量[M]．成都:电子科技大学出版社,2019.

[15]李光辉,陈勇．大学生心理与德育[M]．徐州:中国矿业大学出版社,1991.

[16]祝建兵,郭诗华．德育论丛[M]．昆明:云南科技出版社,2017.

[17]李容芳．当代大学生德育教程[M]．昆明:云南科技出版社,2012.

[18]郑予捷,吴亚梅,黄艳．大学生德育创新与发展的实践与探索[M]．成都:西南交通

大学出版社,2013.

[19]鲍荣娟,常雪,吴迪.高校德育工作创新实践研究[M].长春:吉林出版集团股份有限公司,2021.

[20]周翠.高校美育德育的当代发展研究[M].北京:中国纺织出版社,2021.

[21]冯志英.中国传统文化德育思想研究[M].西安:西安交通大学出版社,2021.

[22]任少波等.高校德育共同体[M].杭州:浙江大学出版社,2018.

[23]马军红.大学生思想教育对策与模式发展研究[M].长春:吉林出版集团股份有限公司,2021.

[24]彭丽,沈定军.哲学与大学生价值观的关系[M].长春:吉林出版集团股份有限公司,2019.

[25]戴庆华.让德育落地让素养开花 小学语文教学班级管理和德育的探索与实践[M].苏州:苏州大学出版社,2021.

[26]曾学龙,贺佃奎,张齐学.大学生德育实践概论[M].北京:中国农业出版社,2005.

[27]任广明,王凤霞,罗苑玲.让德育之花充分绽放[M].长春:吉林人民出版社,2020.

[28]彭宗祥.新时代高校工程德育理论与实践[M].上海:上海财经大学出版社,2020.

[29]陈菲.走向责任共同体 新时代大学生道德责任意识培育研究[M].北京:北京出版社,2023.

[30]杨晓华.大学生社会责任感培育路径研究[M].上海:上海交通大学出版社,2020.

[31]付鑫,张亮.大学生思想政治教育[M].成都:电子科技大学出版社,2017.

[32]彭文君.当代大学生诚信建设研究[M].上海:上海交通大学出版社,2018.

[33]冉政作.新时代大学生美育教育与思想政治教育创新研究[M].重庆:重庆大学出版社,2022.

[34]彭帮姣.新时代传统文化与大学生教育融合研究[M].长春:吉林出版集团股份有限公司,2022.

[35]刘超.当代大学生感恩教育研究[M].成都:四川大学出版社,2018.

[36]文妙虹.大学生社会责任感培育机制及策略探讨[M].北京:北京工业大学出版社,2021.

[37]李亚美.互联网时代下高职院校德育和创新创业教育研究[M].北京:中国商务出版社,2021.

[38]郝云亮.五年制高等职业教育德育工作研究[M].苏州:苏州大学出版社,2021.

[39]杜时忠.德育十讲 制度何以育德[M].武汉:华中科技大学出版社,2019.

[40]杨涵,刘巧芝.立德树人 育新时期高职大学生 新疆高职院校德育创新实践研究
[M].天津:天津大学出版社,2017.